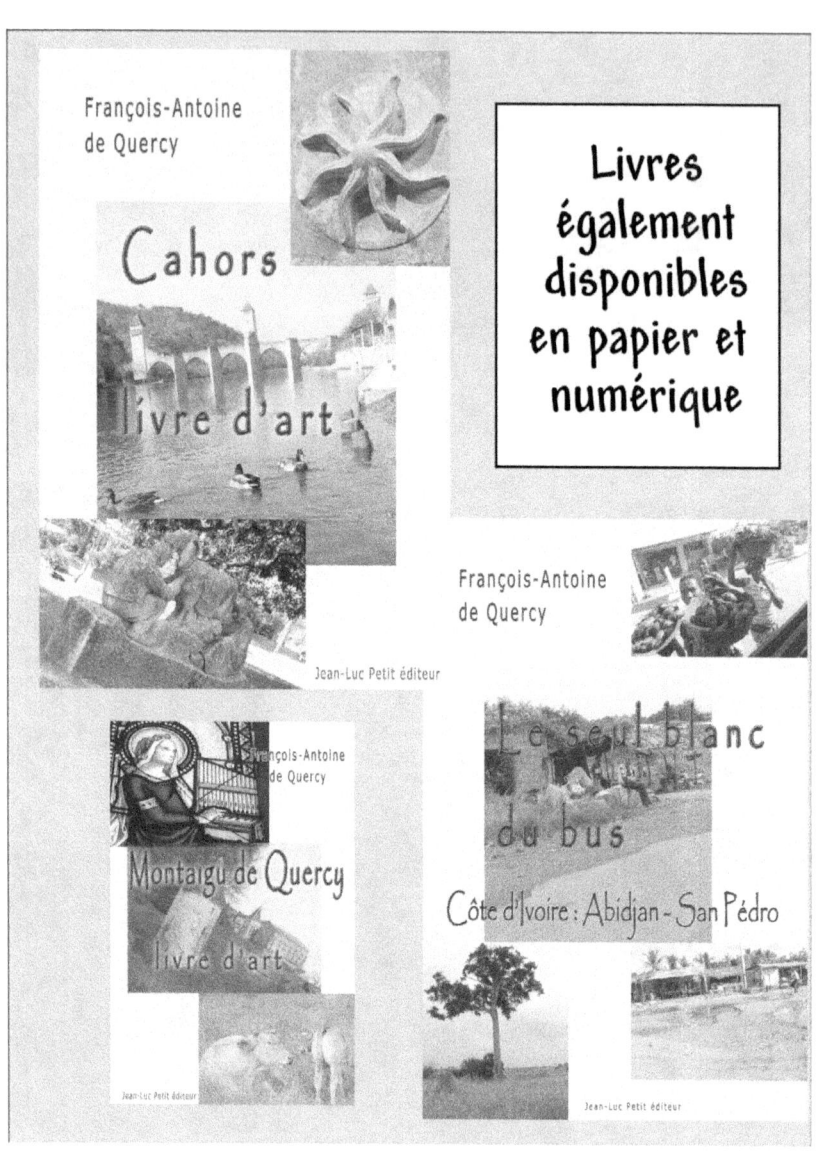

Cazelles, Gariottes lotoises

Du même auteur*

Sous le nom de **François-Antoine de Quercy** :

Montcuq, livre d'art
Montaigu de Quercy, livre d'art
Cahors, livre d'art
Quercy Blanc, livre d'art
L'homme du 11 septembre
Jean-Gabriel Perboyre, le lotois mort sur la croix
Le seul blanc du bus
Gustave Guiches, *Au fil de la vie*, notice, commentaires, photos

Sous d'autres identités

Romans

Le Roman de la Révolution Numérique
Ils ne sont pas intervenus (le livre des conséquences)
Le roman du show-biz et de la sagesse
Quand les familles sans toit sont entrées dans les maisons fermées
Liberté j'ignorais tant de Toi
Viré, viré, viré, même viré du Rmi !

Théâtre

Neuf femmes et la star
Les secrets de maître Pierre, notaire de campagne
Ça magouille aux assurances
Chanteur, écrivain : même cirque
Deux sœurs et un contrôle fiscal
Amour, sud et chansons
Aventures d'écrivains régionaux
Avant les élections présidentielles
Scènes de campagne, scènes du Quercy
Blaise Pascal serait webmaster
Trois femmes et un Amour
J'avais 25 ans
La fille aux 200 doudous

* extrait du catalogue, voir page 96

François-Antoine de Quercy

Cazelles, Gariottes lotoises

Jean-Luc Petit éditeur - Collection Livres d'artistes

L'éditeur versant lotois :

http://www.lotois.fr

Tout simplement et logiquement !

Tous droits de traduction, de reproduction, d'utilisation, d'interprétation et d'adaptation réservés pour tous pays, pour toutes planètes, pour tous univers.

Site officiel : http://www.ecrivain.pro

© **Jean-Luc PETIT - BP 17 - 46800 Montcuq – France**

Cazelles, Gariottes lotoises,

Cazelles ou Gariottes ? Peu importe le terme pourvu que l'on ait la construction de pierre sèche...

Abris fragiles, encore plus en l'absence d'entretien, et ils disparaissent dans l'indifférence, rongés par les mousses, démolis par la végétation, émiettés par le gel, détruits pour permettre le passage des tracteurs et autres engins agricoles toujours plus larges. Une gariotte qui tombe, c'est un peu d'espace regagné par l'agriculteur... Plus de 80% des cazelles lotoises ont déjà disparu ?

Des gariottes de cartes postales pour promouvoir le terroir et d'autres inutiles ? Il suffit ainsi d'en conserver quelques-unes, car quand même, nous prétendons au label "région pittoresque" ? Pour une marque, la gariotte peut permettre de surfer sur la sympathique vague du produit local, même s'il s'agit d'un élevage industriel... mais en plein air naturellement, peut-être même aux normes du bio, sans pollution... avec de l'eau au taux de pesticides et nitrites forcément en-dessous des limites autorisées... Et nos braves touristes adorent repartir avec des photos de toute la famille devant ce témoignage du respect de notre "petit patrimoine."

Qu'en faire ? Quel modèle économique ? Même pas louables à des vacanciers... Qui assurerait cette utilisation ?... Quand "elles tombent" entre les mains d'organismes, un affreux bétonnage est toujours à craindre. Comme dans le parc aux singes apprivoisés du village devenu kitch de Rocamadour, ou à Vaylats... sûrement l'excuse du ciment contre les risques d'accidents... Oui, la gariotte ne résiste pas au déferlement de sauvageons !... La gariotte protégée de fil de fer existe !

Cazelles ou Gariottes, c'est la beauté du Lot. Oui, après ces quelques digressions, le terme essentiel : la beauté. La poésie de notre Quercy. Notion certes insignifiante dans un pays de littérature et tourisme industriels... La beauté... La beauté disparaît quand plus personne ne la voit...

Cette préoccupation gariottale peut croiser celle du Conseil Général, subventionneur de leur restauration... mais "l'état d'esprit" est tellement différent... il convient simplement d'en sourire...

Extraire la beauté... Témoigner, laisser une trace de « l'inutile voué à disparaître », fixer sous un angle inédit ce patrimoine... Ce qui est ne sera pas forcément demain...
Petite histoire des gariottes, gariottes remarquables comme celles construites sur des dolmens, gariottes anonymes, gariottes abandonnées, gariottes à la une... Le livre des gariottes...

François-Antoine de Quercy
FAQ
http://www.quercy.pro

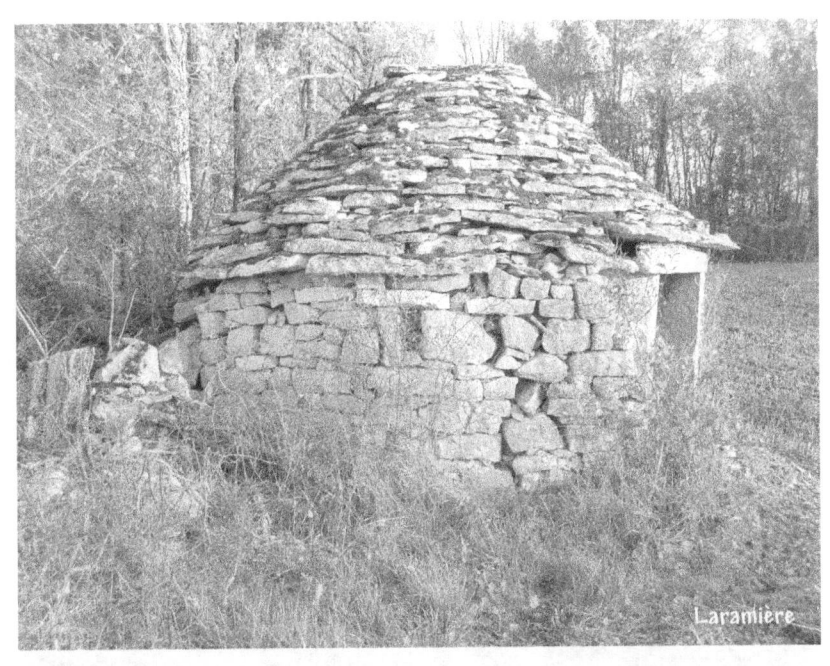

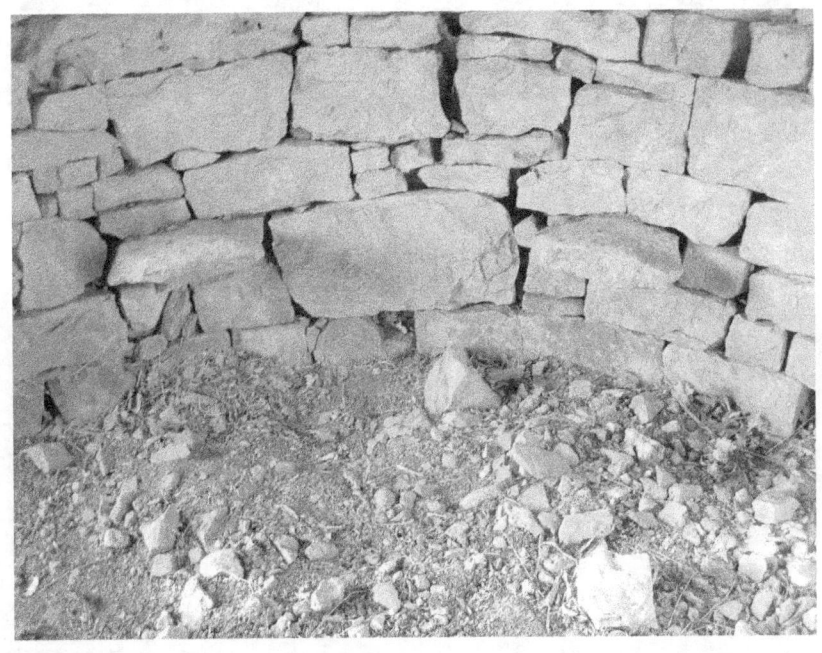

Laramière, l'un des villages les plus présents dans ce recueil... Au lieu-dit Borredon... l'une des plus agréables gariottes du département.
S'asseoir. Simplement s'asseoir quelques minutes.

Elle est abimée... Devant, derrière...

On y serait bien... une halte...

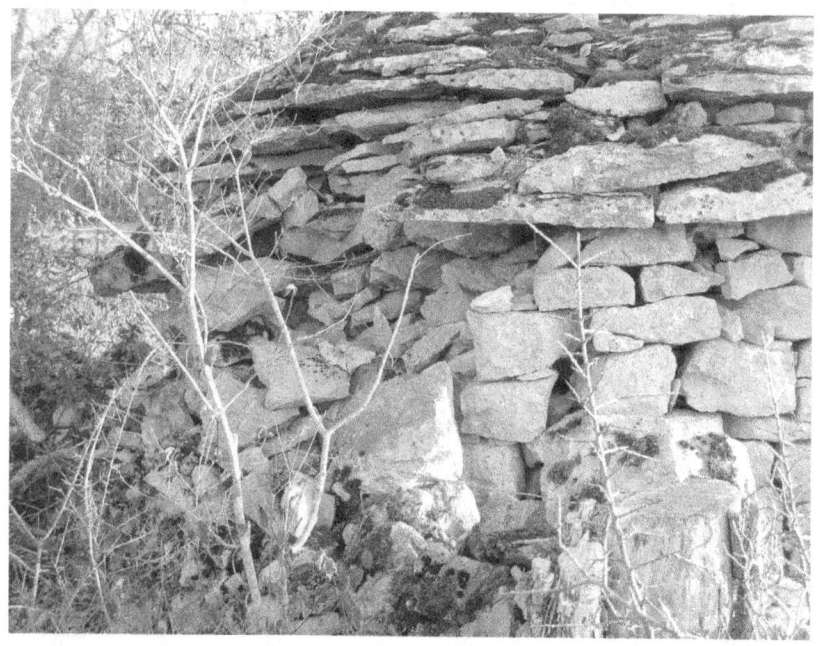

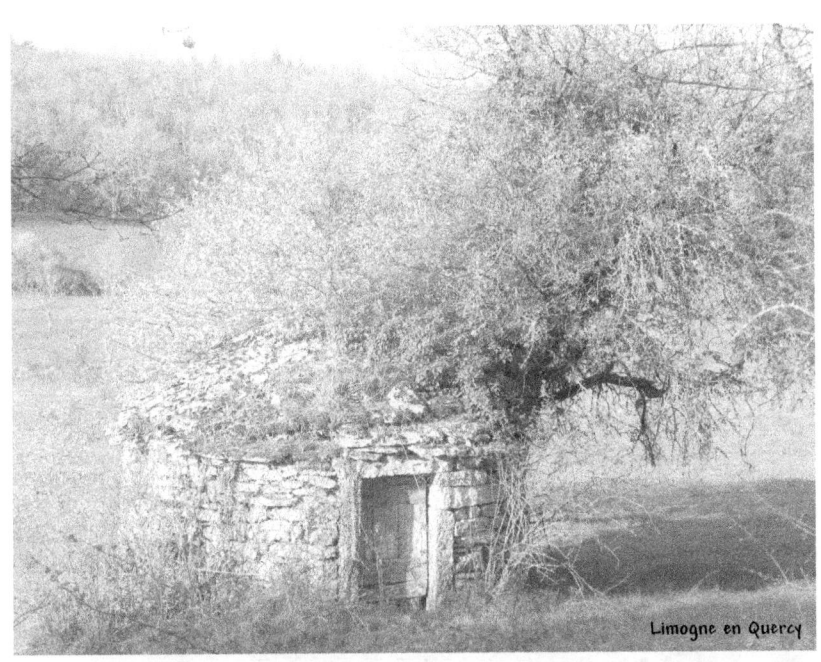

Limogne en Quercy

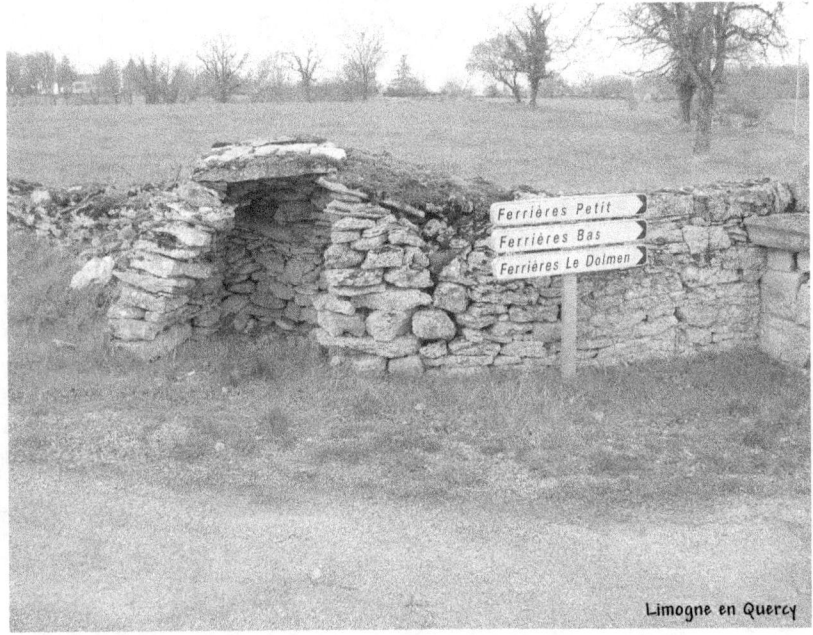

Limogne en Quercy

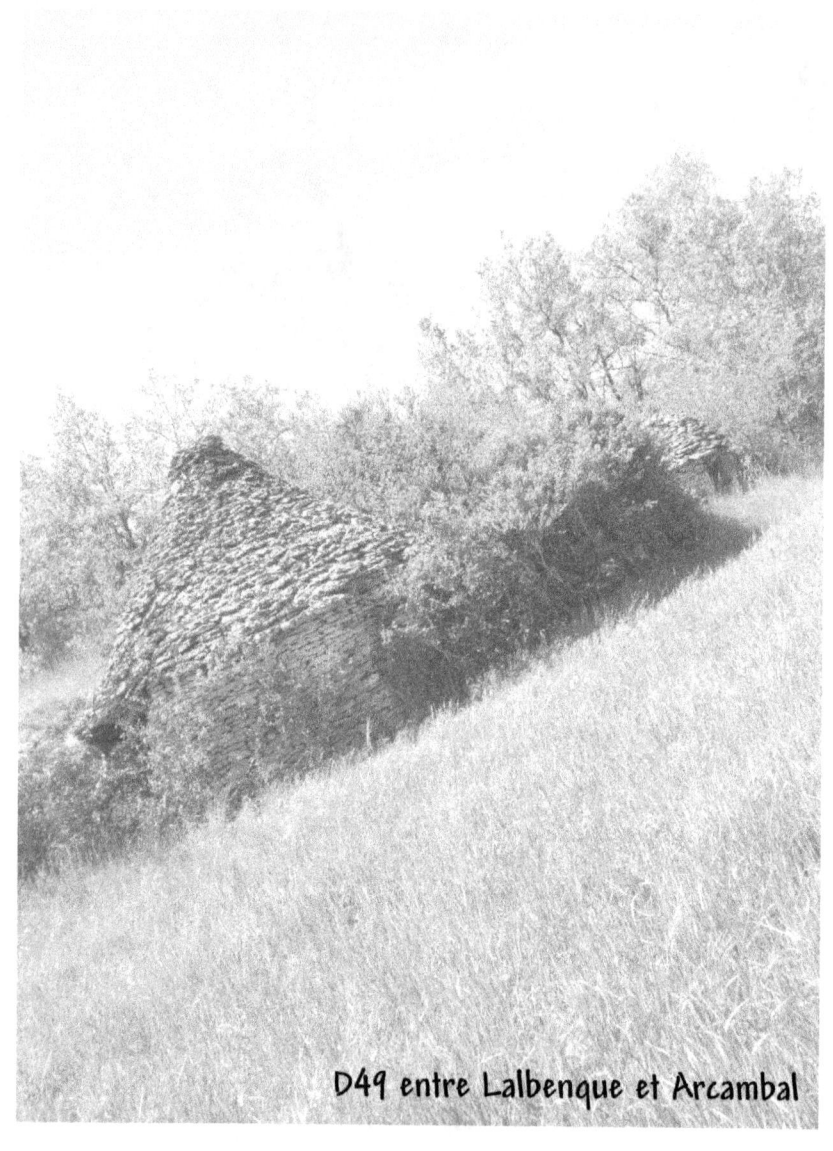
D49 entre Lalbenque et Arcambal

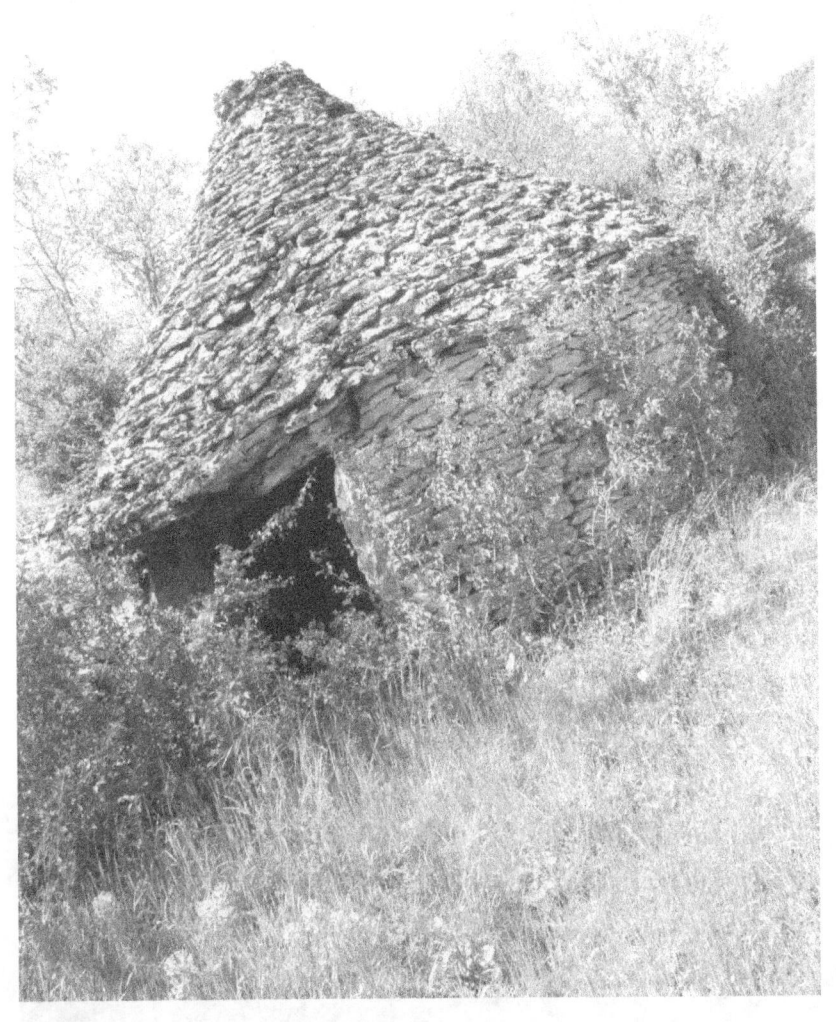

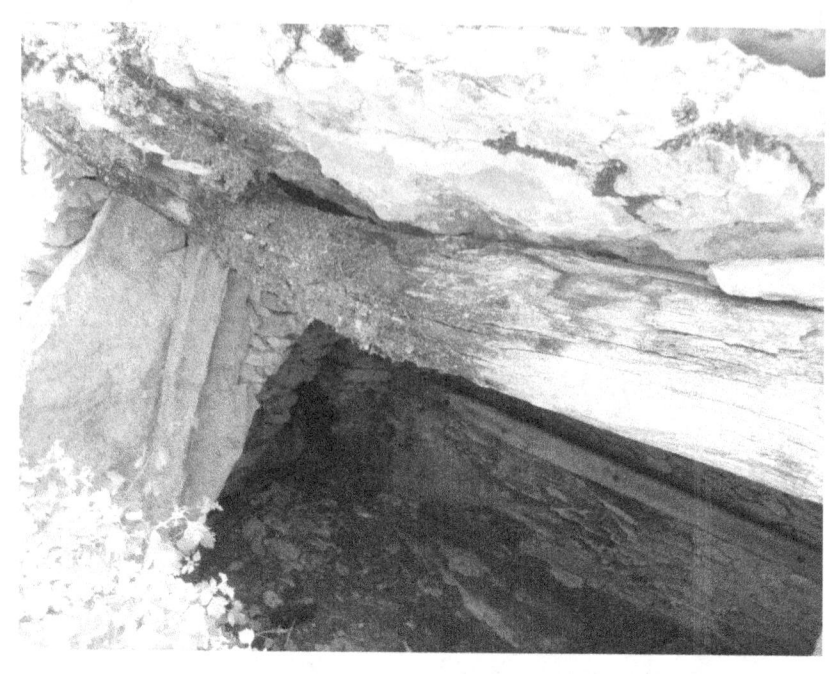

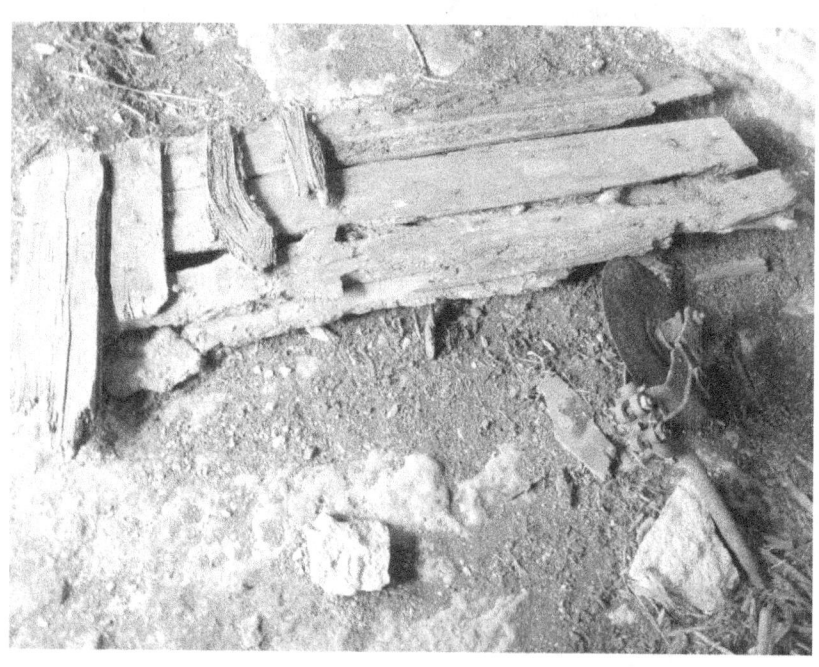

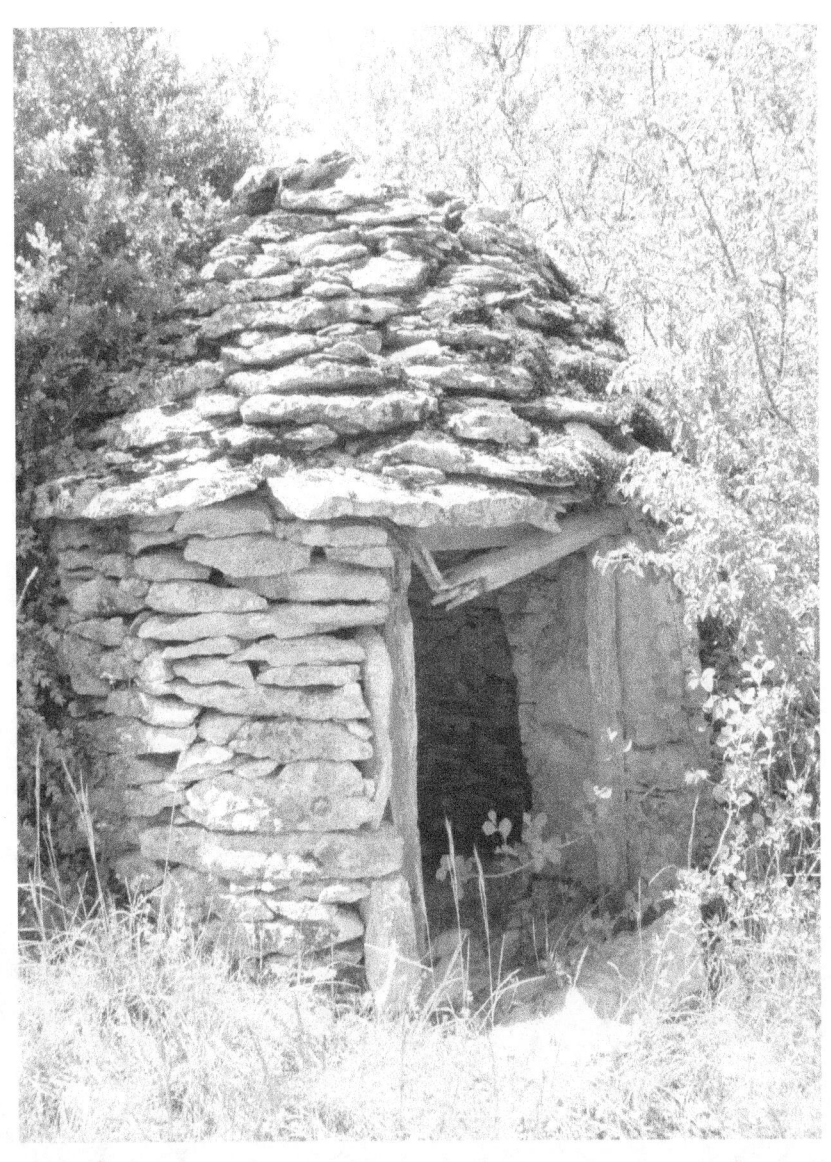

Une gariotte d'entrée dans le département

On pourrait imaginer, quand l'occasion se présente à quelques centaines de près, marquer la limite entre deux départements par une gariotte ou, pourquoi pas, puisque nous rêvons, une borne mettrait en valeur les livres de l'auteur absent des librairies traditionnelles...

Trois photos de la gariotte située au bord de la route Villefranche de Rouergue - Limogne en Quercy, de l'Aveyron au Lot, donc... partie lotoise...

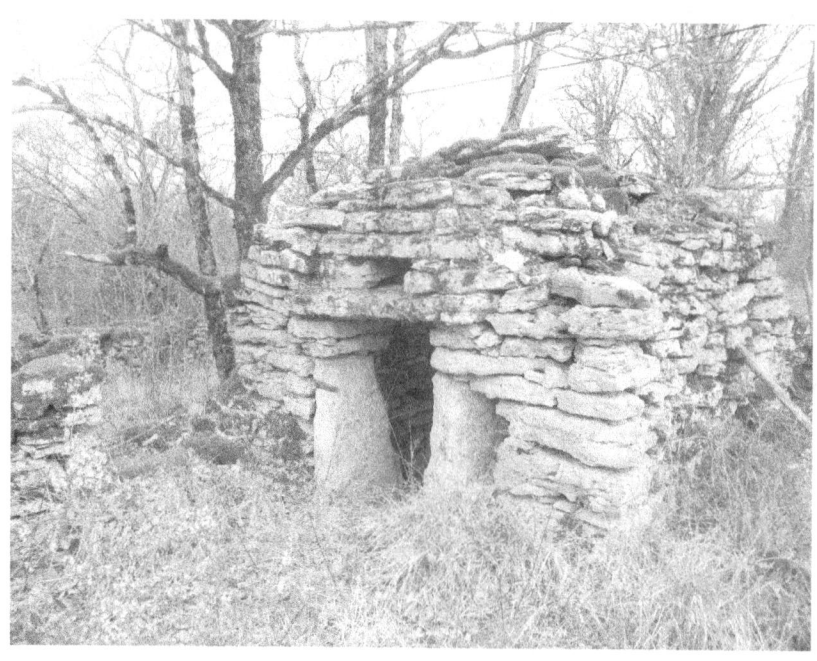

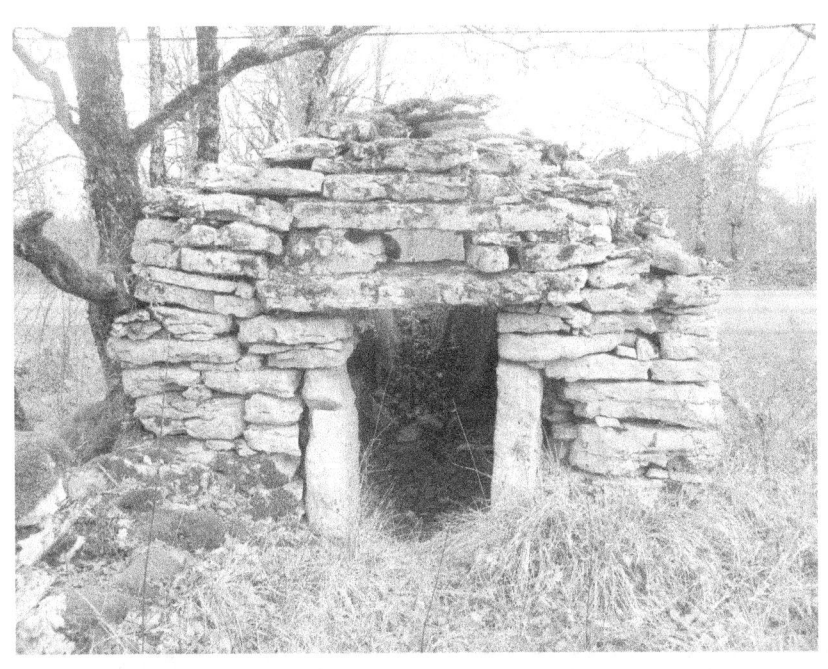

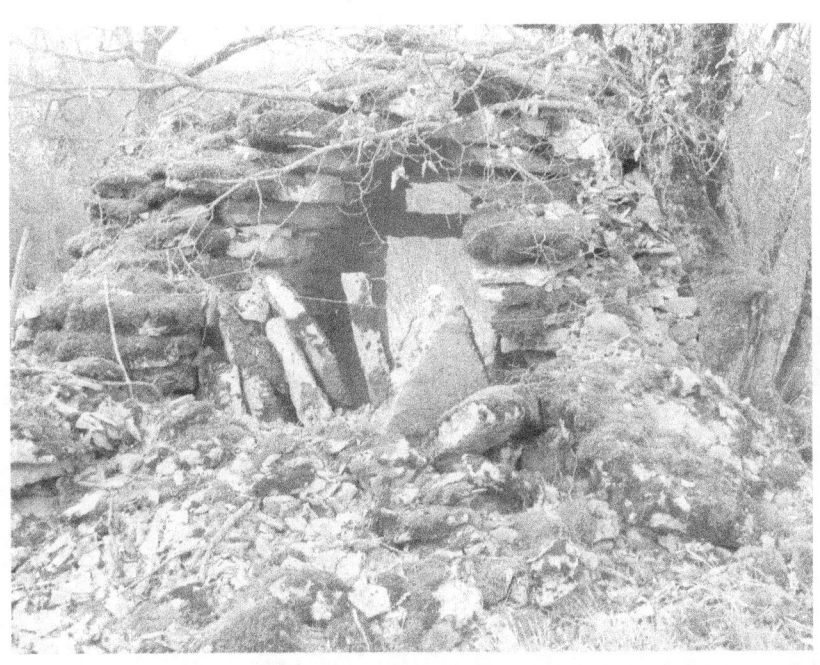

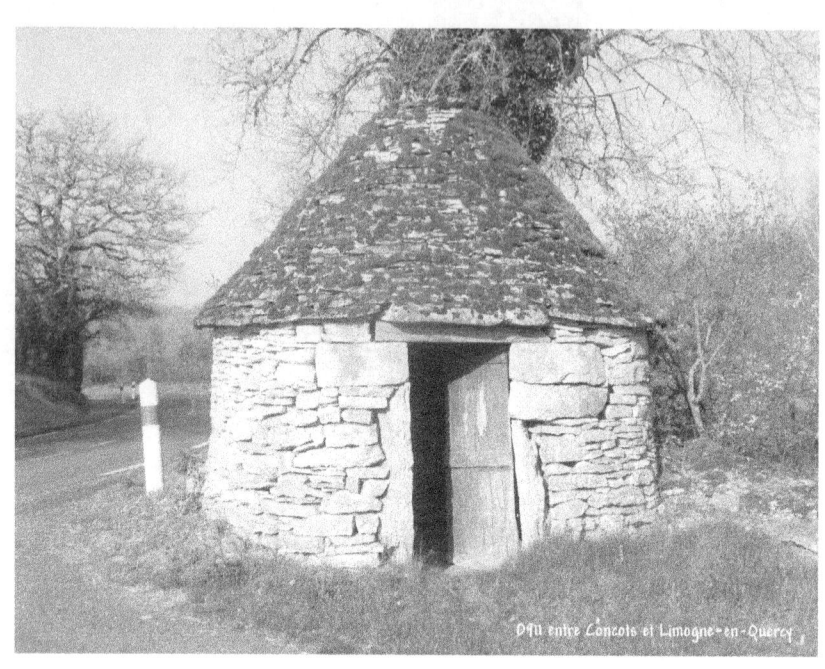

D911 entre Concots et Limogne-en-Quercy

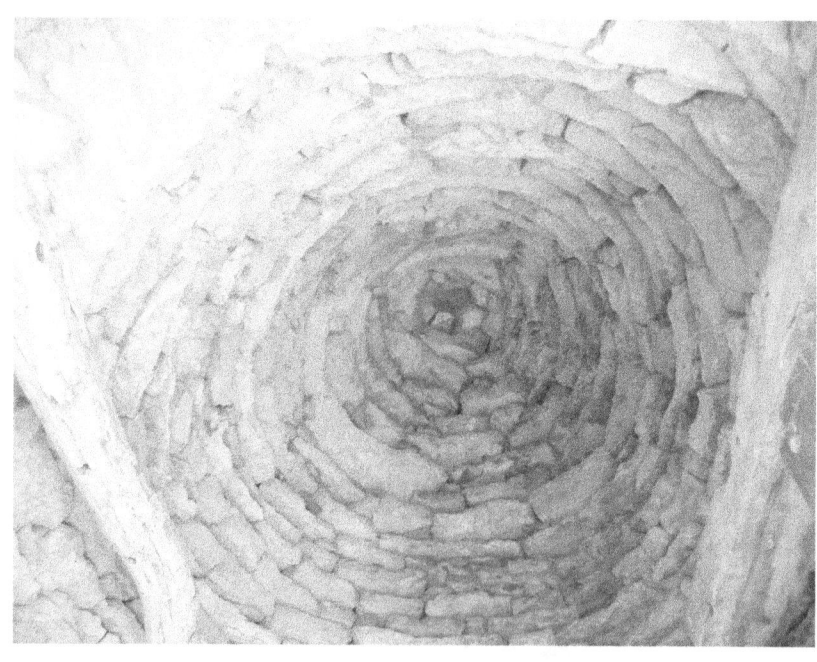

La gariotte sur le dolmen

Qui planterait sa maison sur un cimetière ?

Quel état d'esprit peut guider la construction d'une gariotte sur un dolmen ? Pour rare que ce soit, il ne s'agit pas d'une œuvre unique...

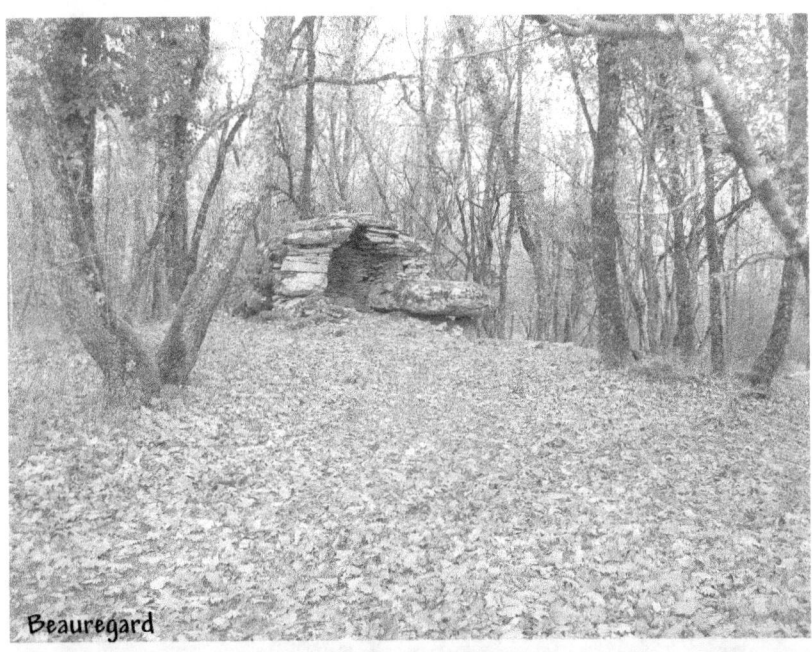
Beauregard

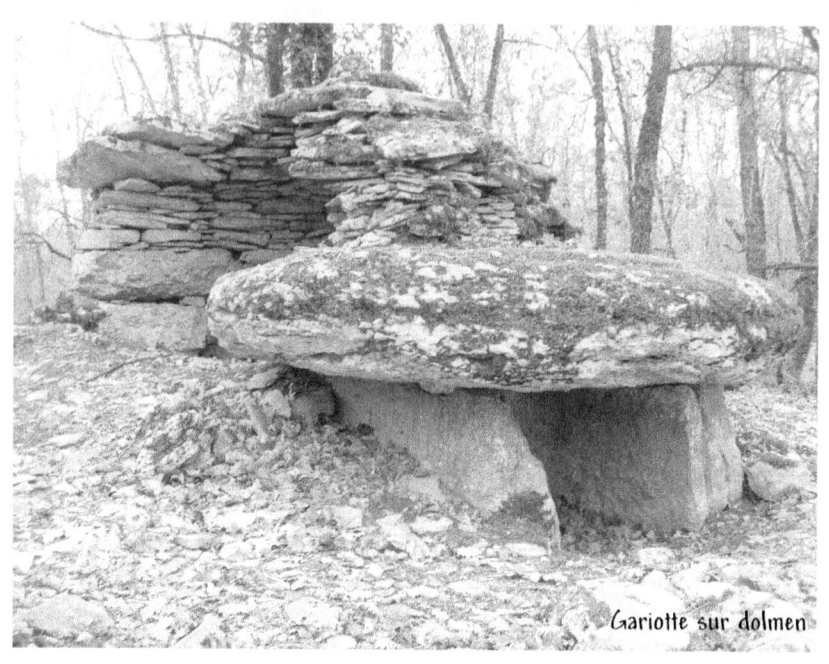
Gariotte sur dolmen

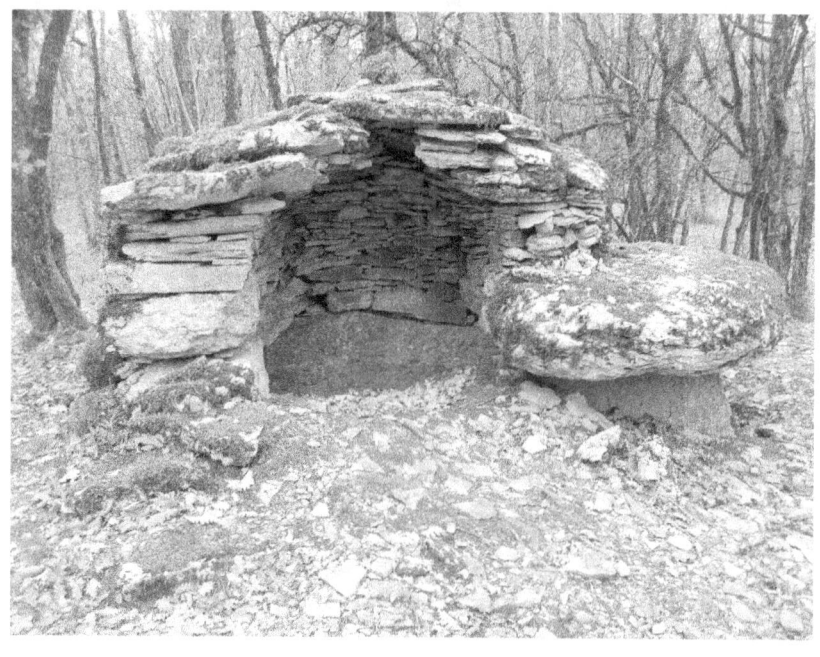

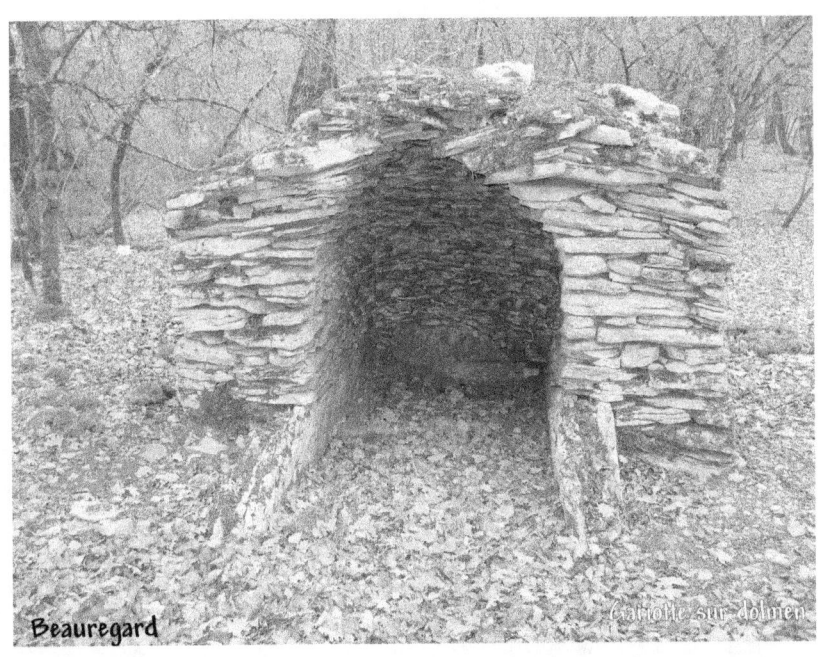
Beauregard — cariotte sur dolmen

Vous avez naturellement remarqué qu'il s'agit également d'une création située sur le territoire de Beauregard...

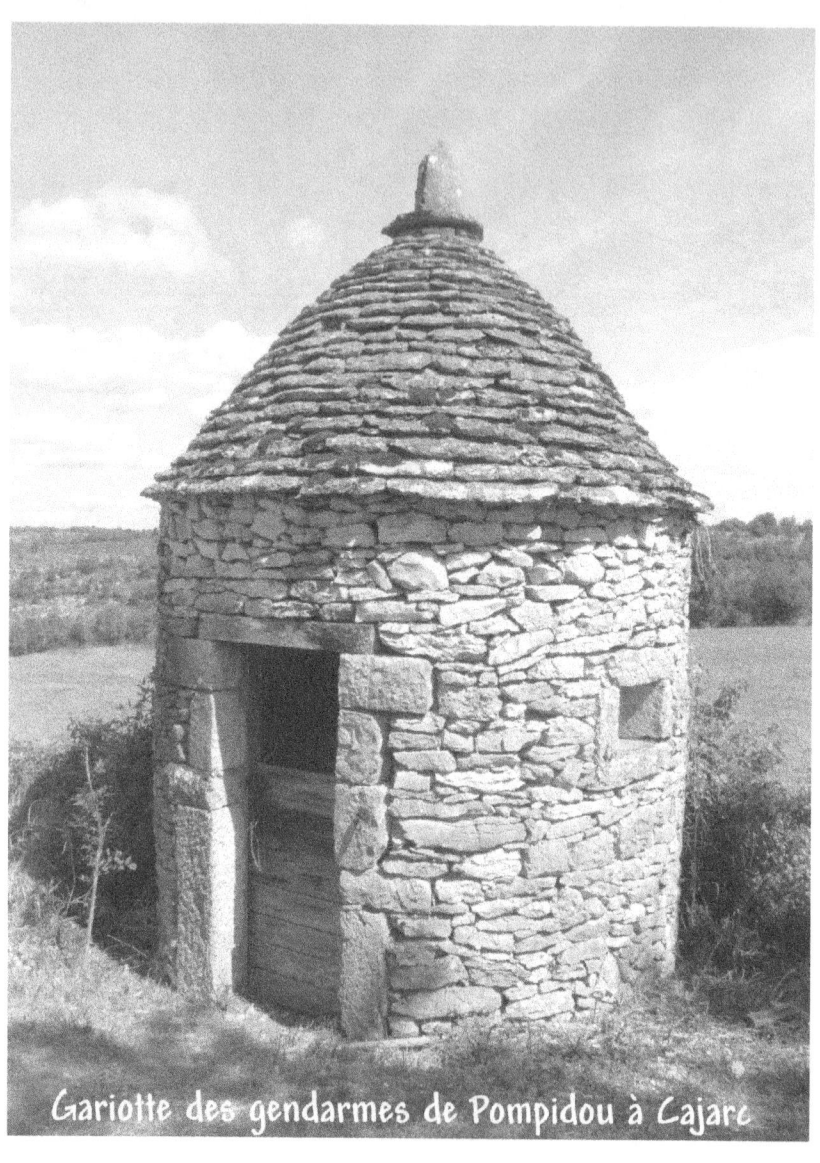

Gariotte des gendarmes de Pompidou à Cajarc

Près de la propriété lotoise du Président, les gendarmes s'étaient fait construire une "guérite" dans le style local...

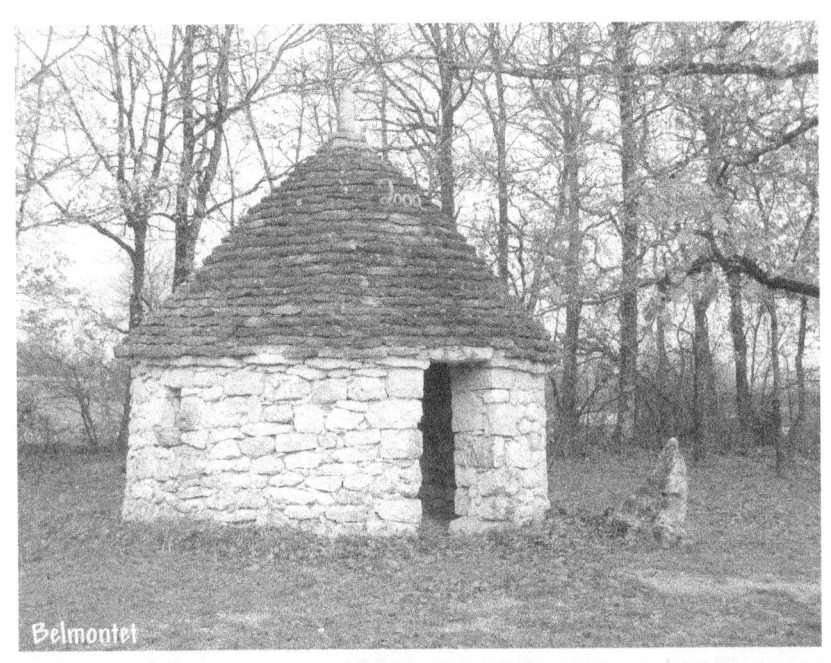

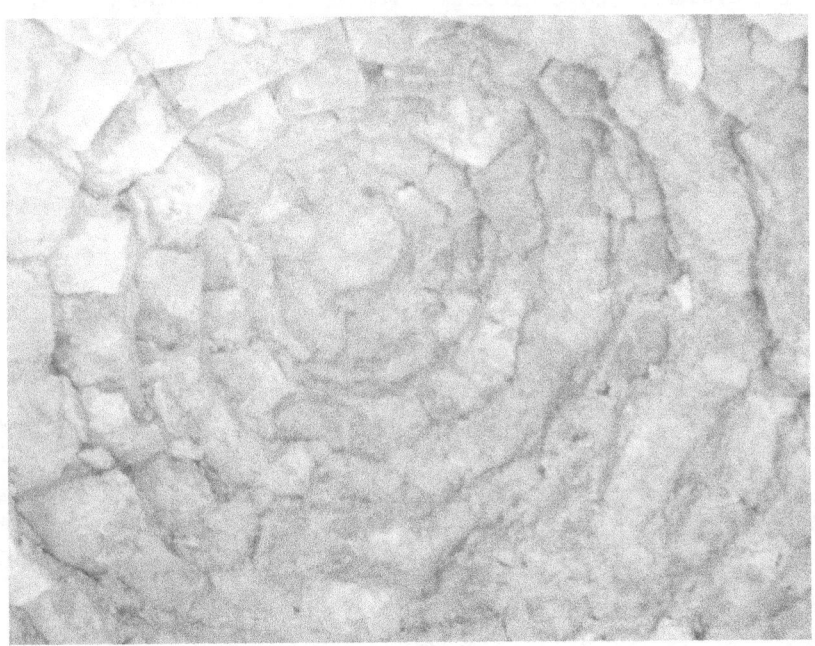

Là ce fut pour fêter l'an 2000...

Les gariottes les plus vues...

Cajarc, Livernon et Lalbenque peuvent sûrement prétendre au titre de "gariotte la plus photographiée."

Tout en haut, au bord de la colline, elle domine la route de Cahors, celle de Cajarc, un chemin permet également d'y accéder...

Livernon, à côté du très modeste "lac" de Lacam... Assez surprenant qu'elle fut régulièrement photographiée sans son décor pour des livres... La sensation de beauté provient également de l'ensemble...

Lalbenque. Une des entrées du village... qu'il convient de mettre en parallèle avec celle dont "certains" préféreront sûrement bientôt se débarrasser...

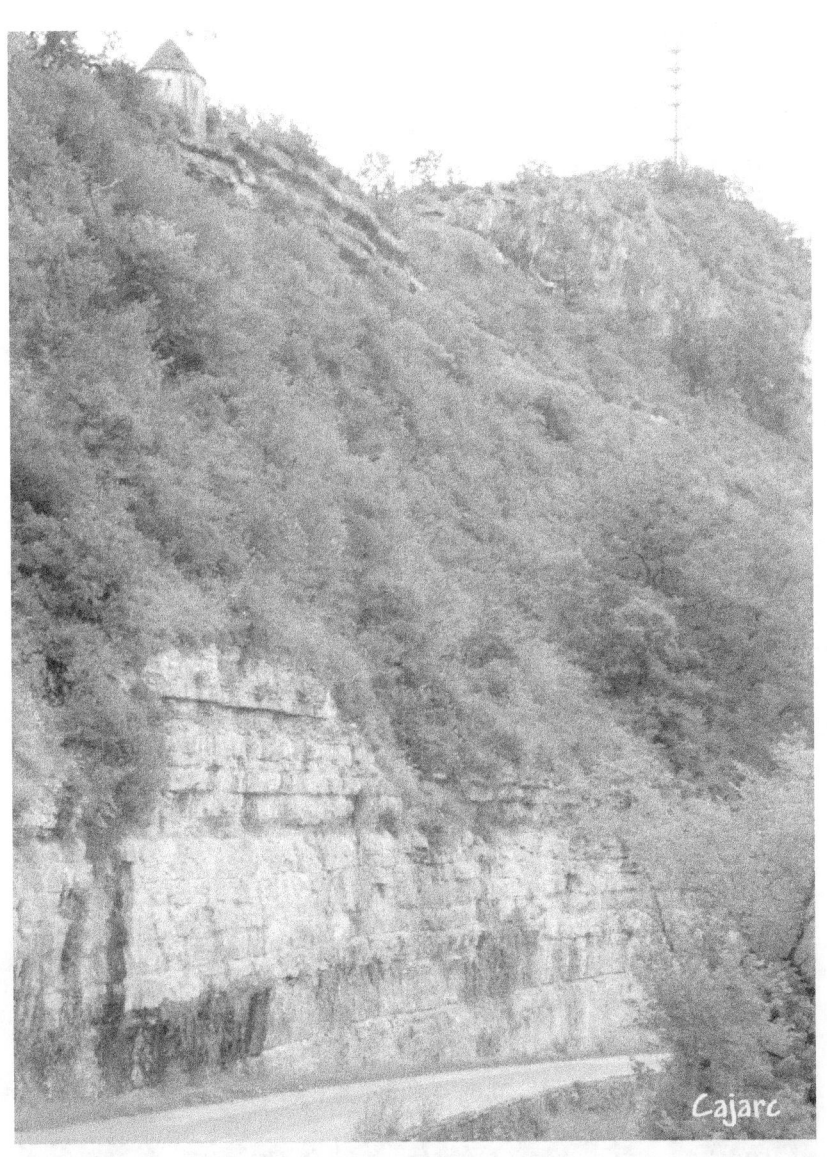

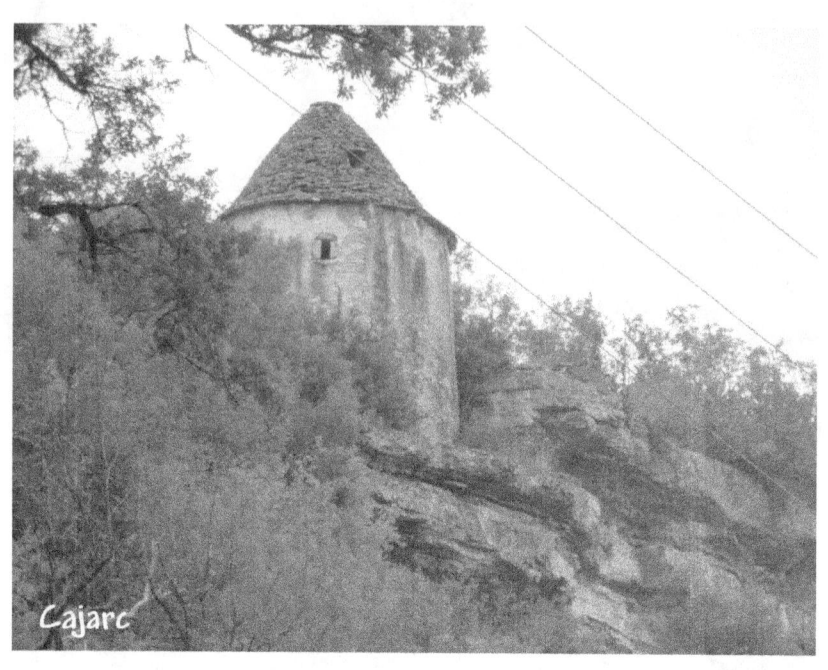

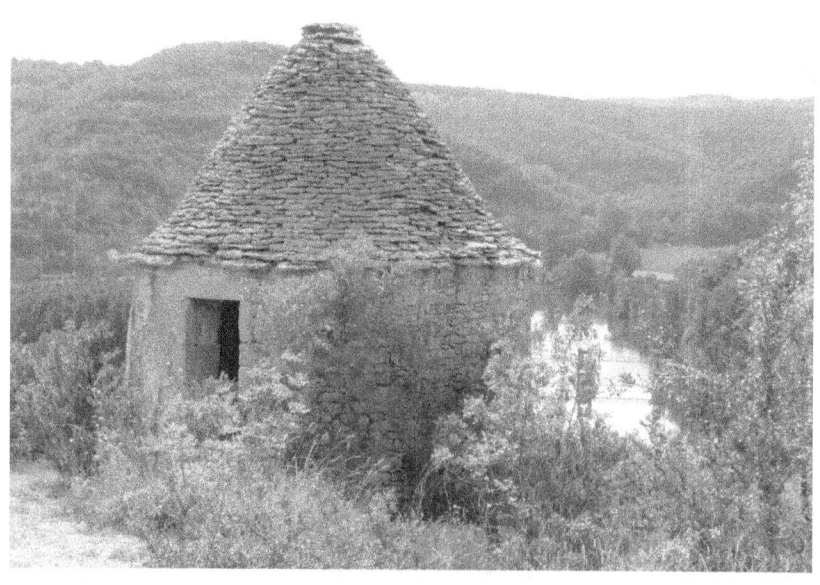

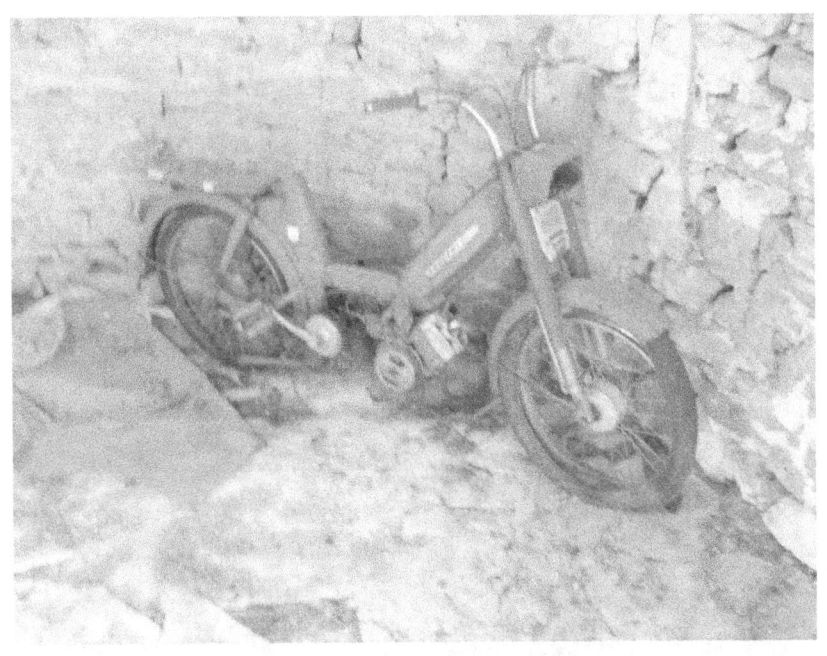

L'intérieur des gariottes, le plus souvent est vide. Mais elles peuvent encore servir de rangement...

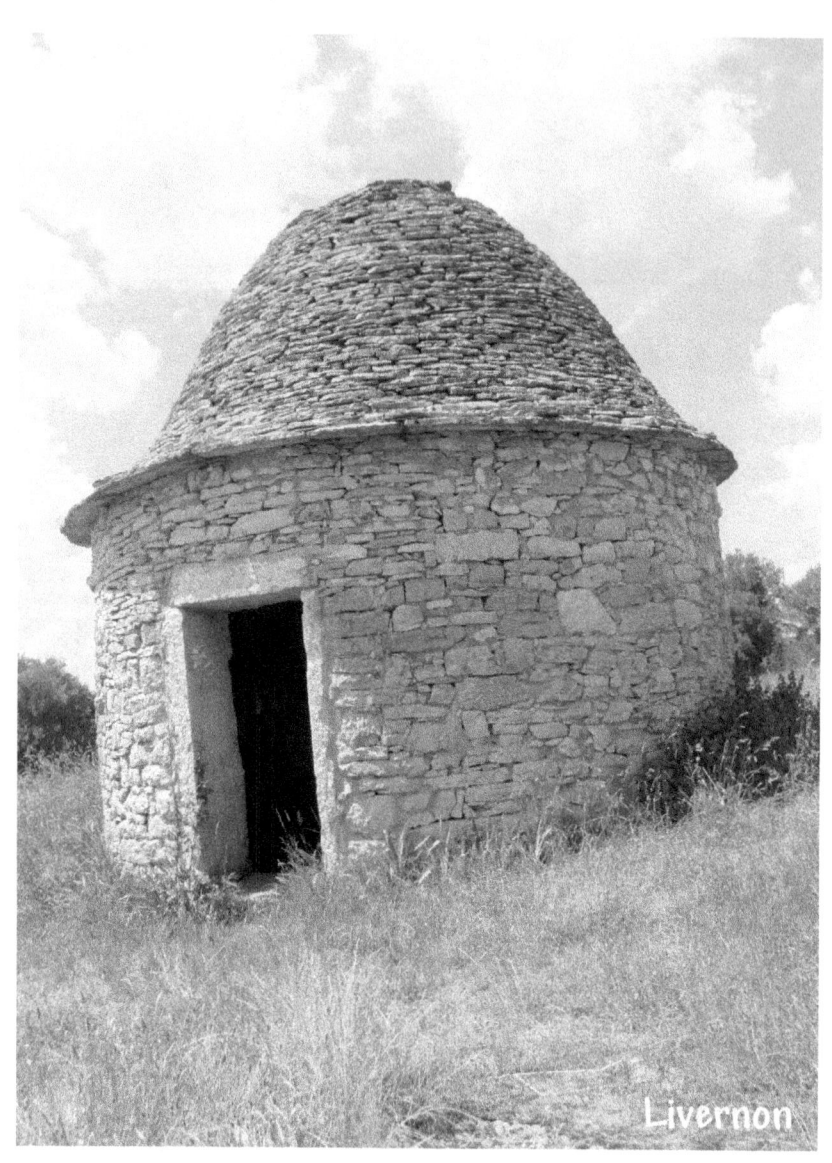

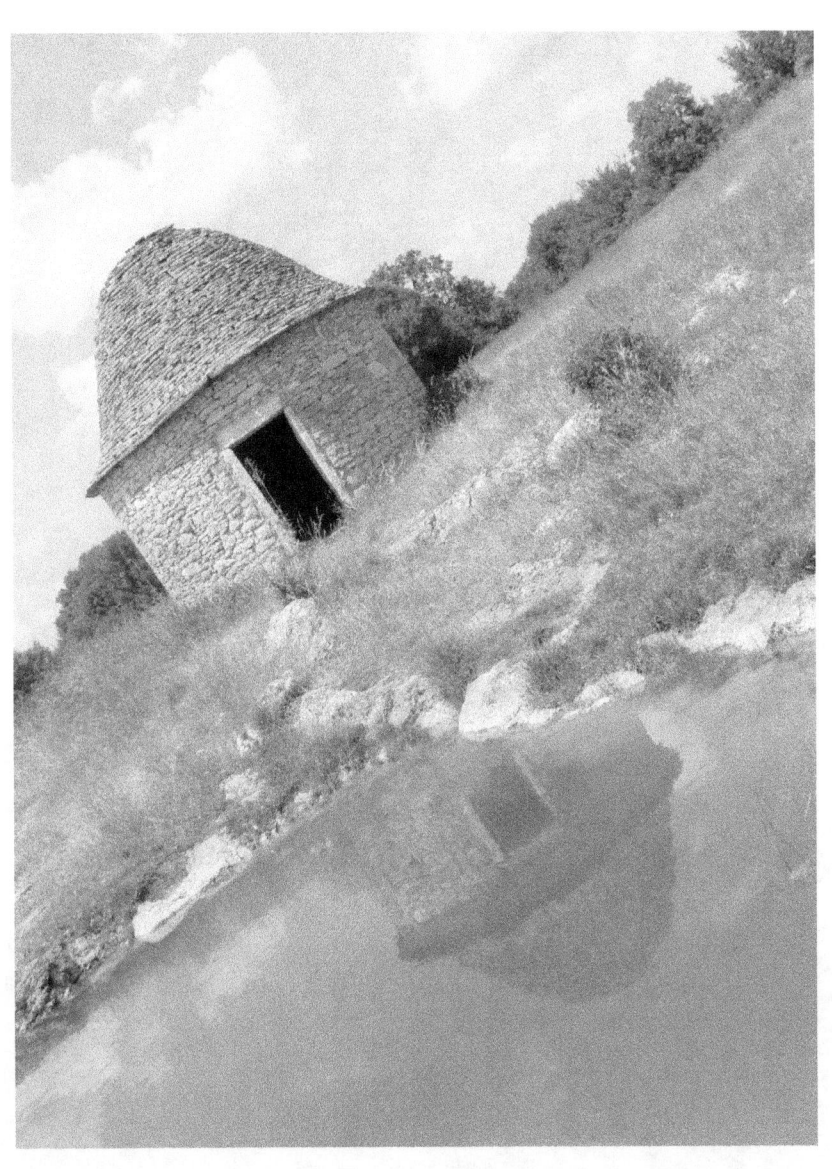

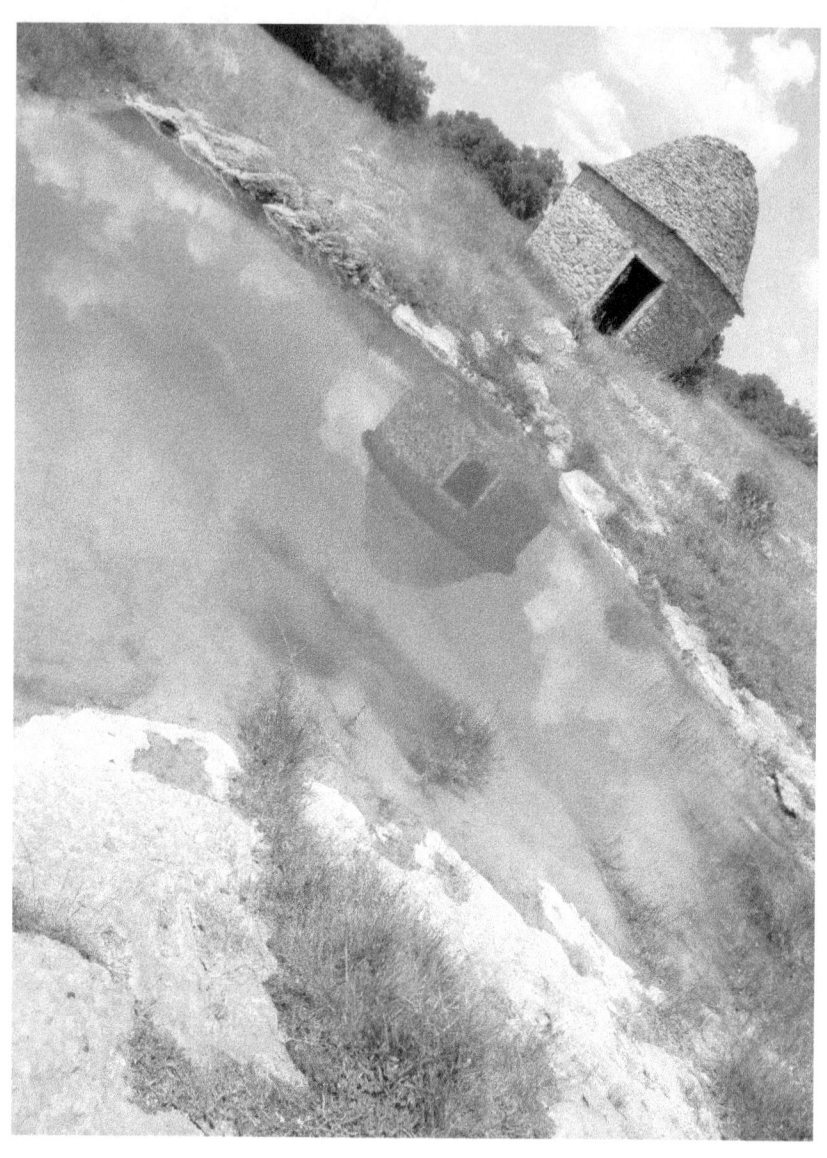

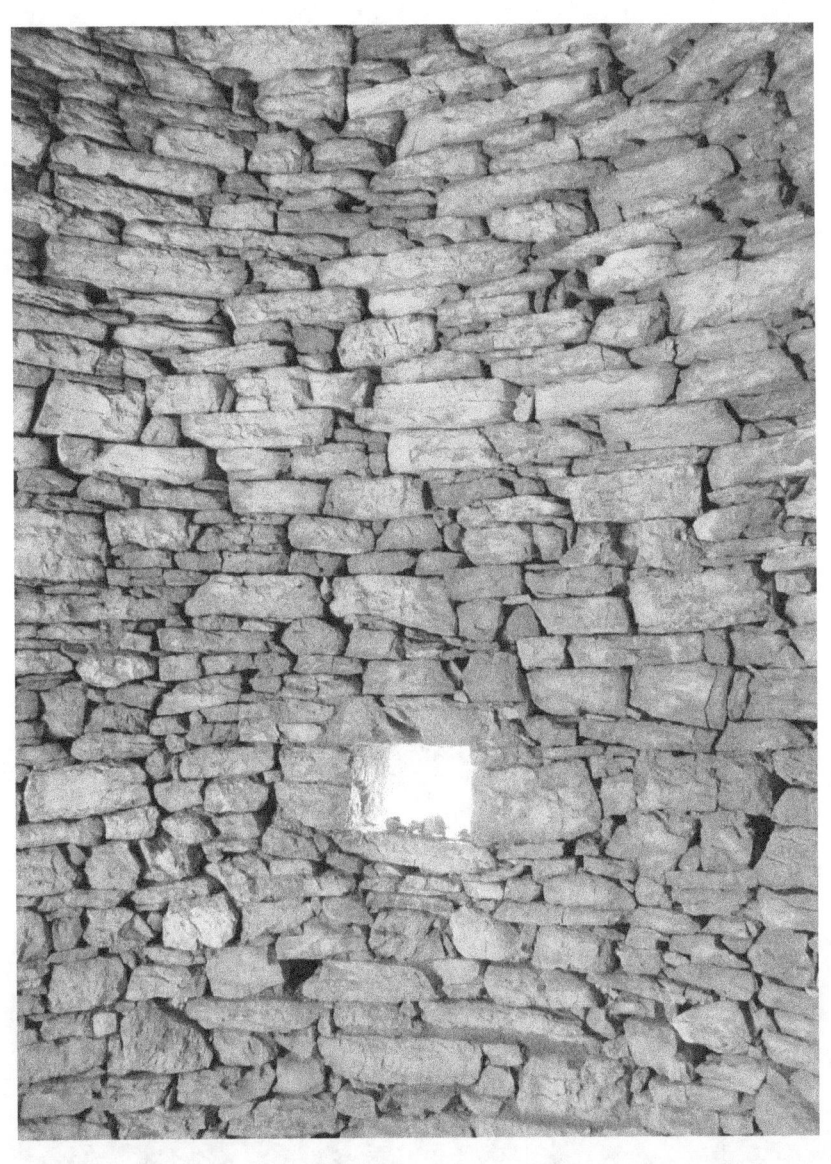

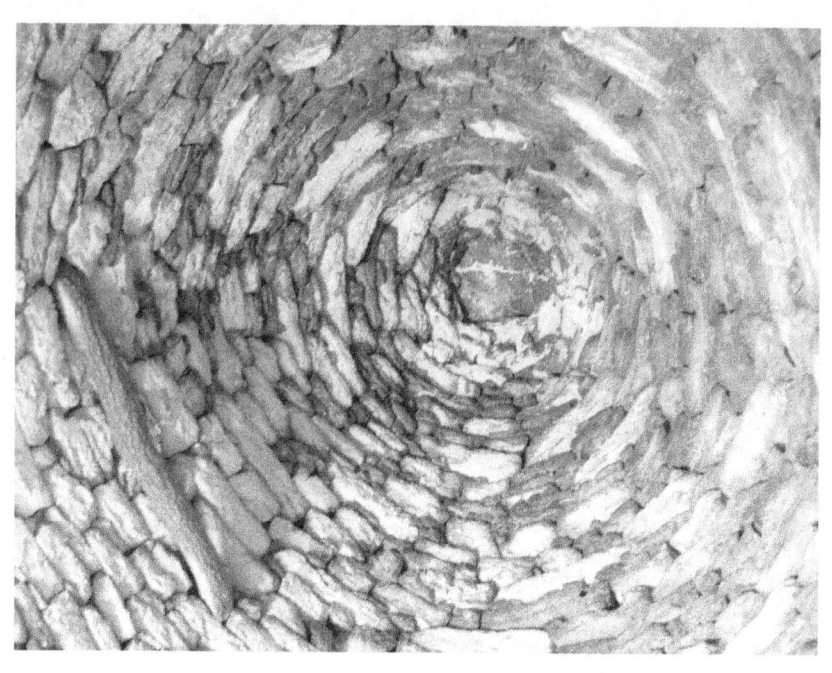

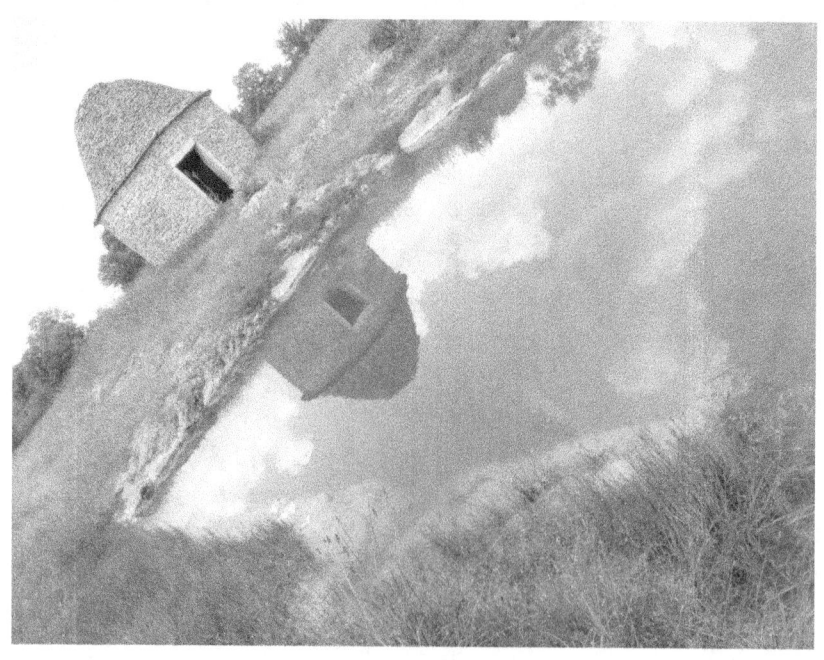

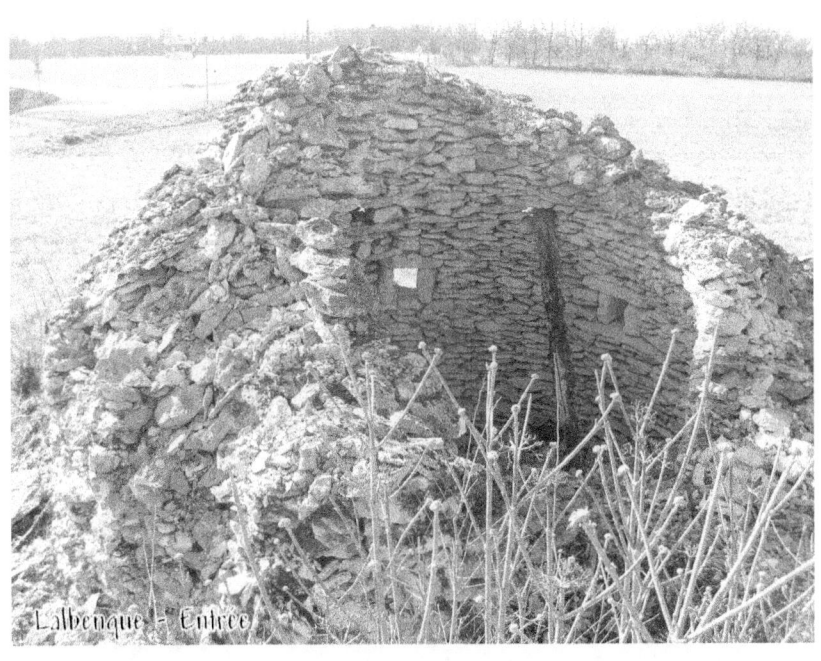

Lalbenque - Entrée

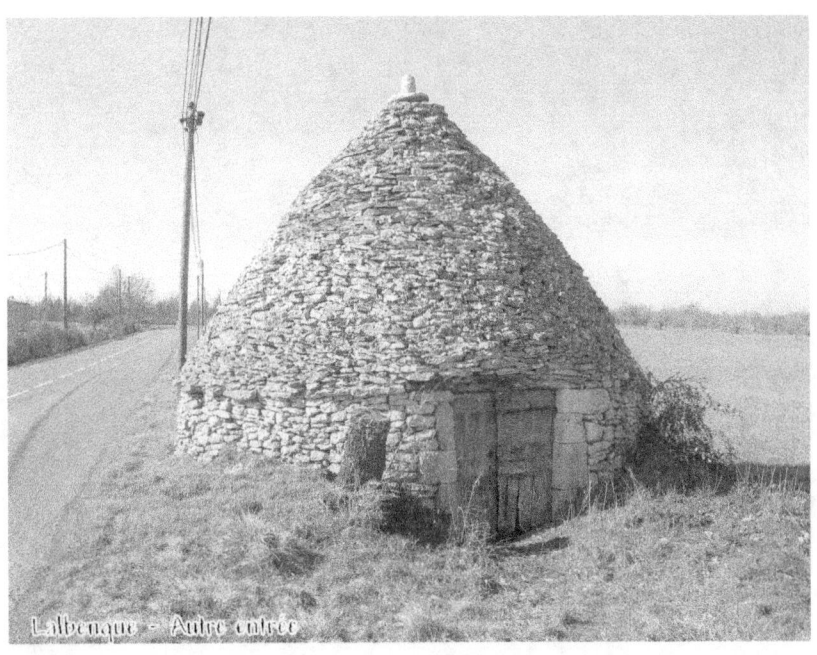

Lalbenque - Autre entrée

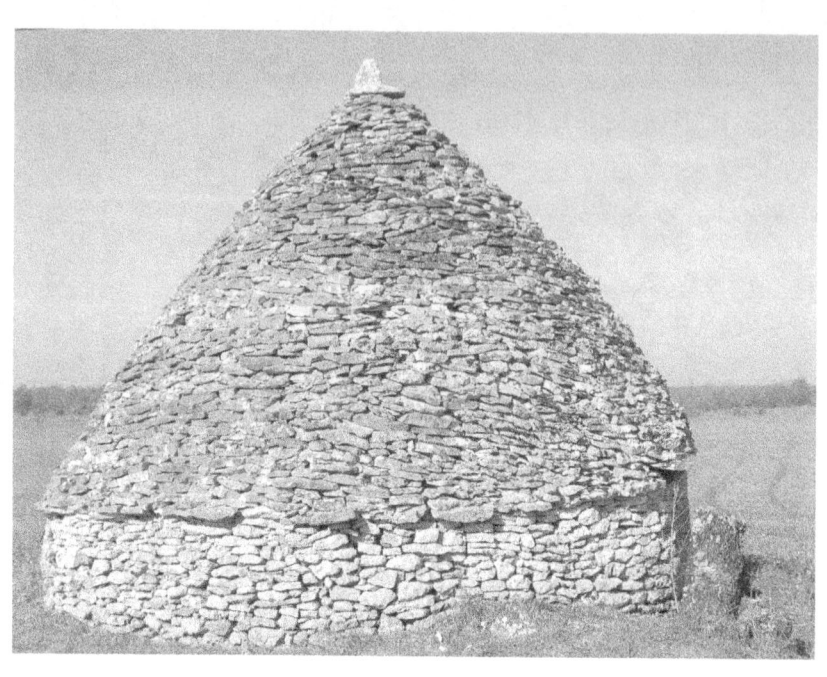

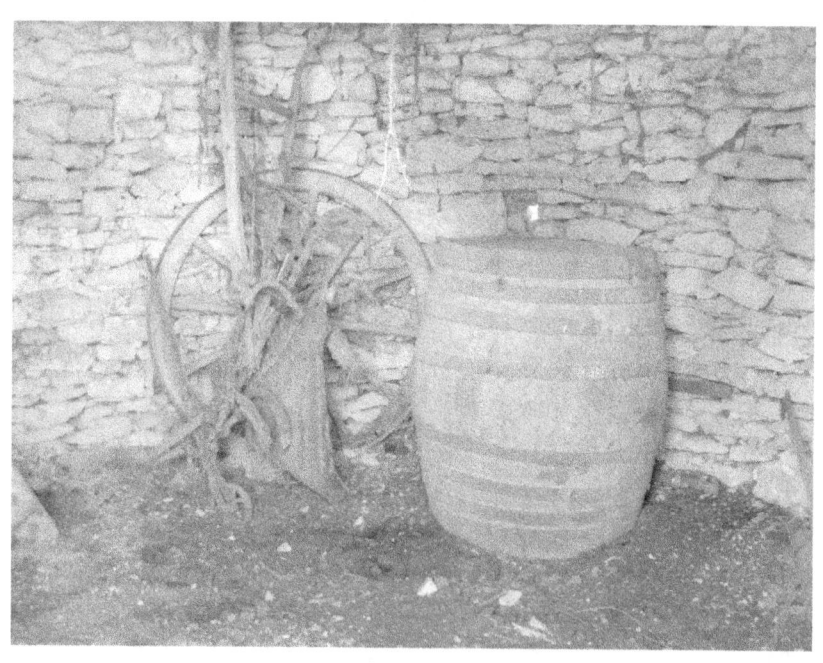

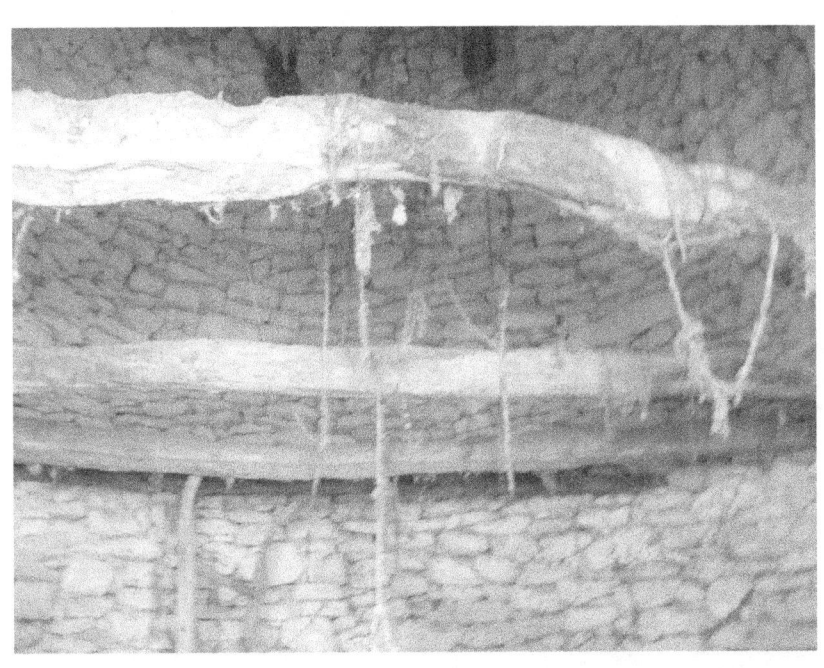

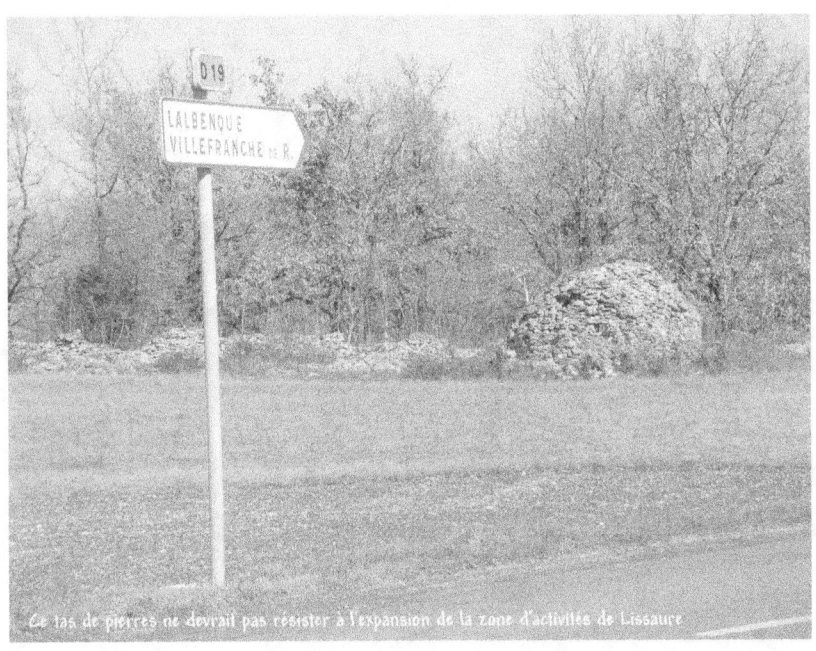

Ce tas de pierres ne devrait pas résister à l'expansion de la zone d'activités de Lissaure

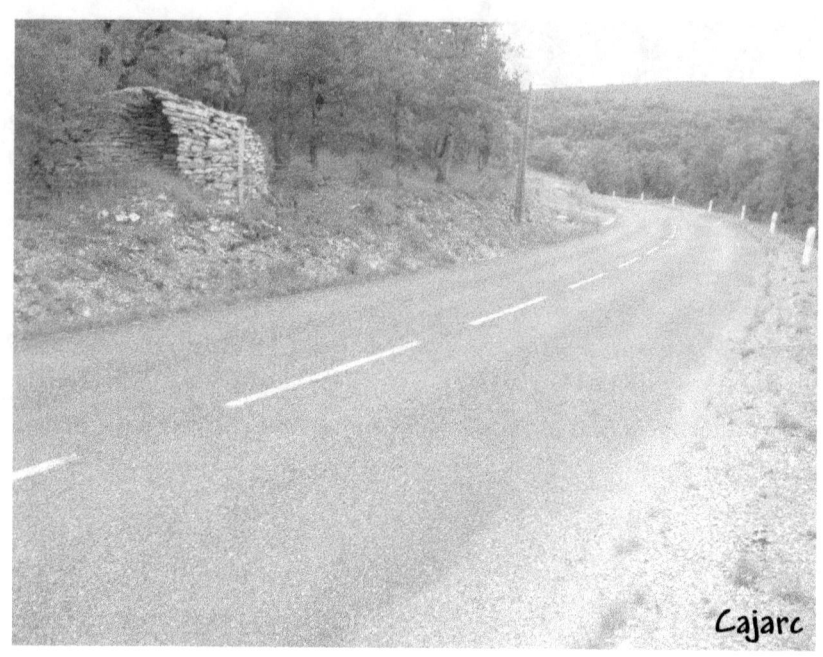

Cajarc

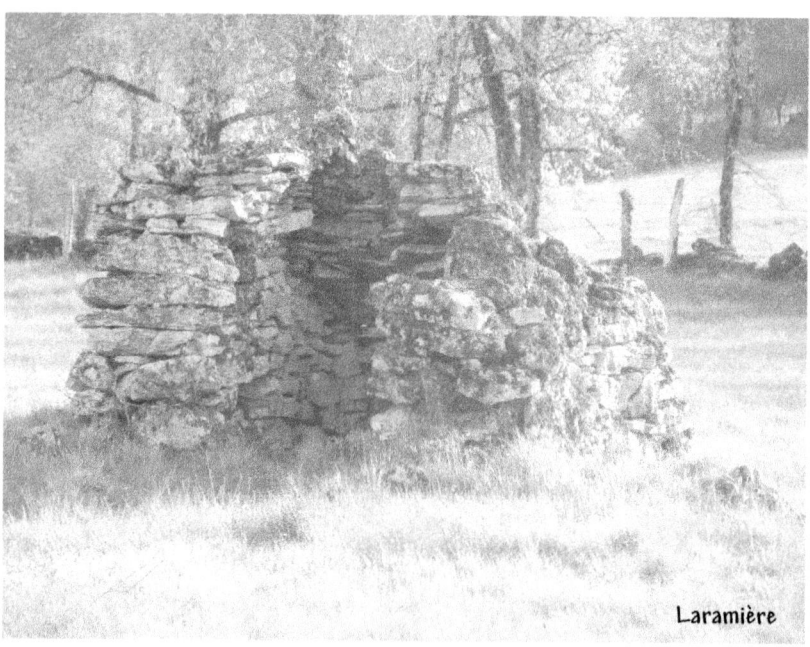

Laramière

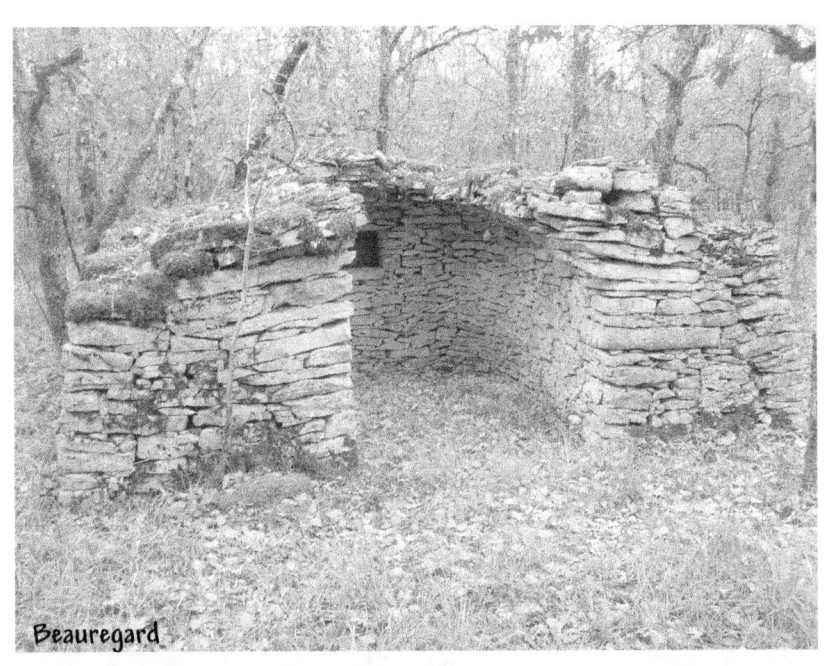
Beauregard

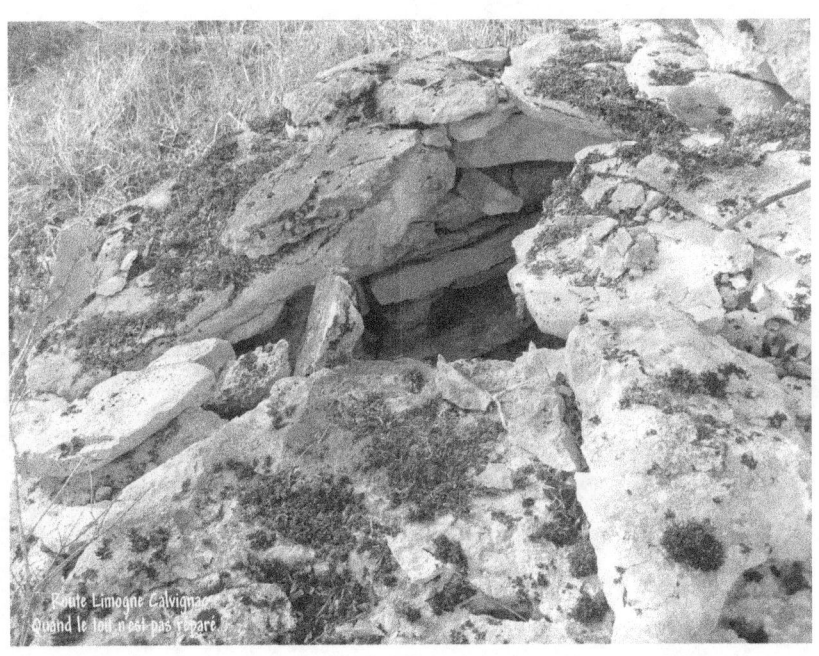
Route Limogne Calvignac
Quand le toit n'est pas réparé

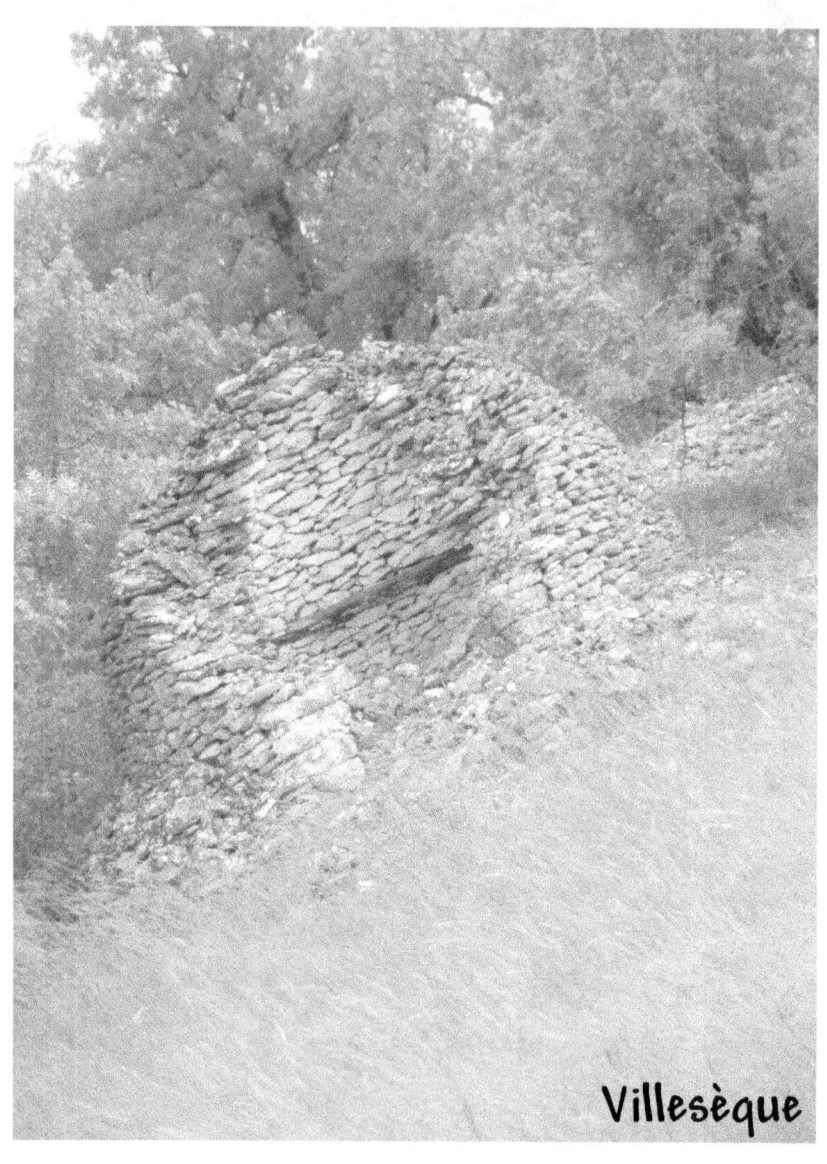

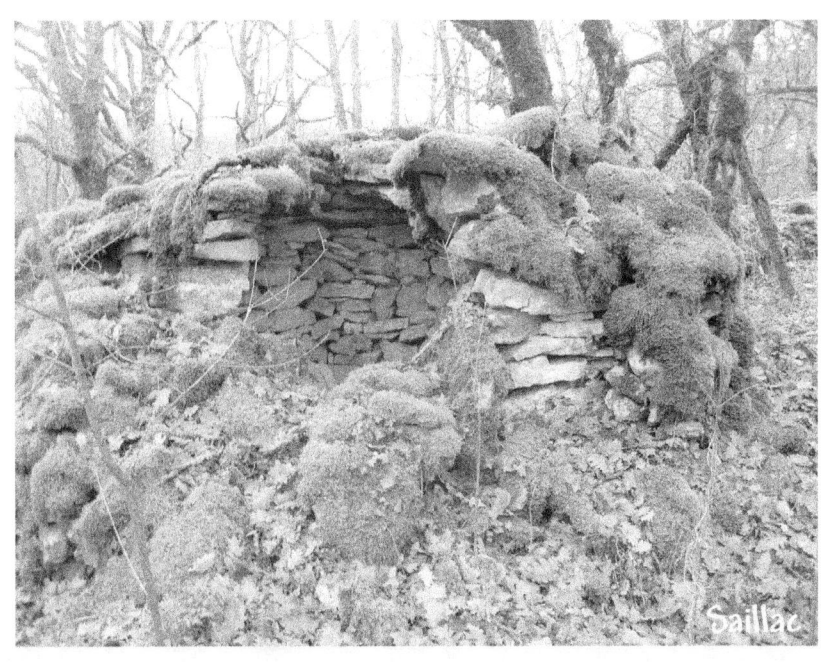

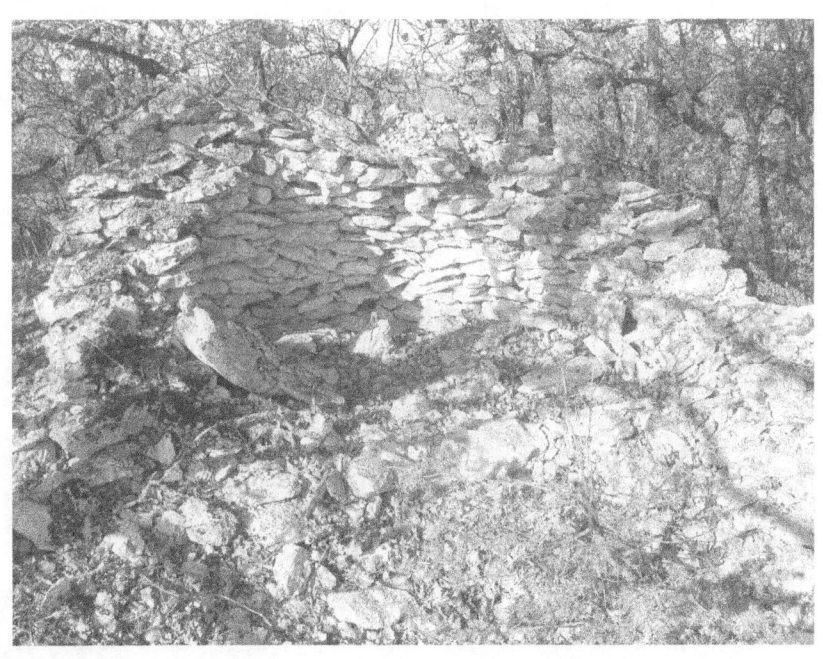

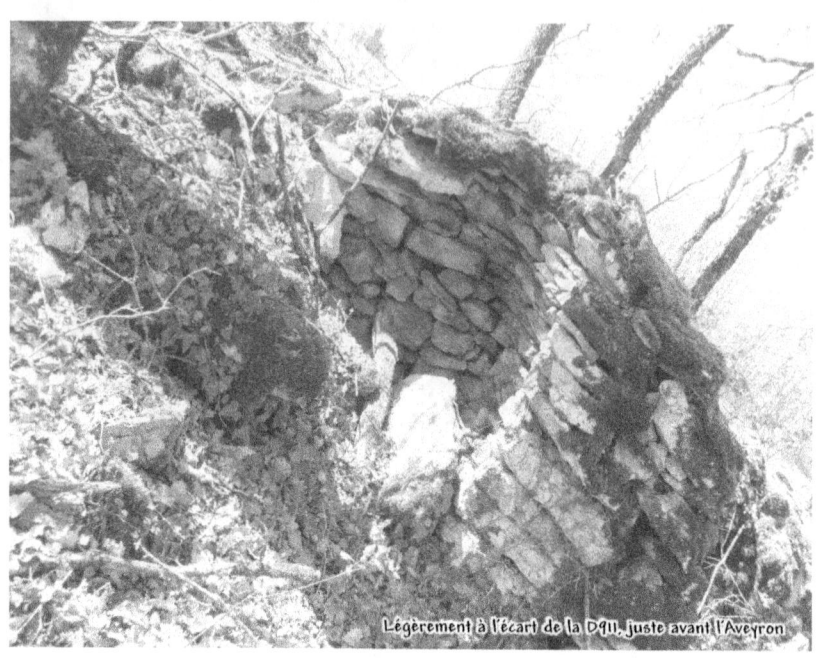
Légèrement à l'écart de la D911, juste avant l'Aveyron

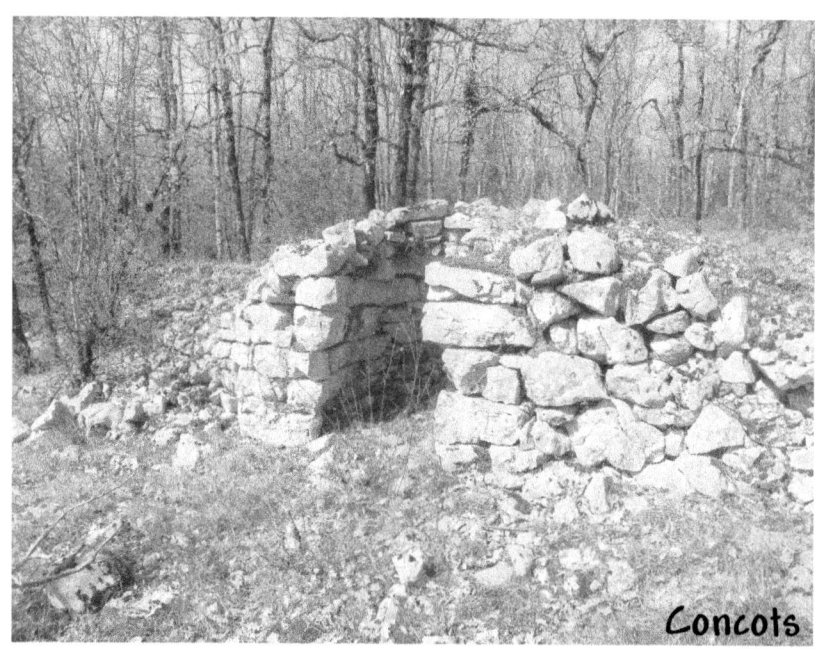
Concots

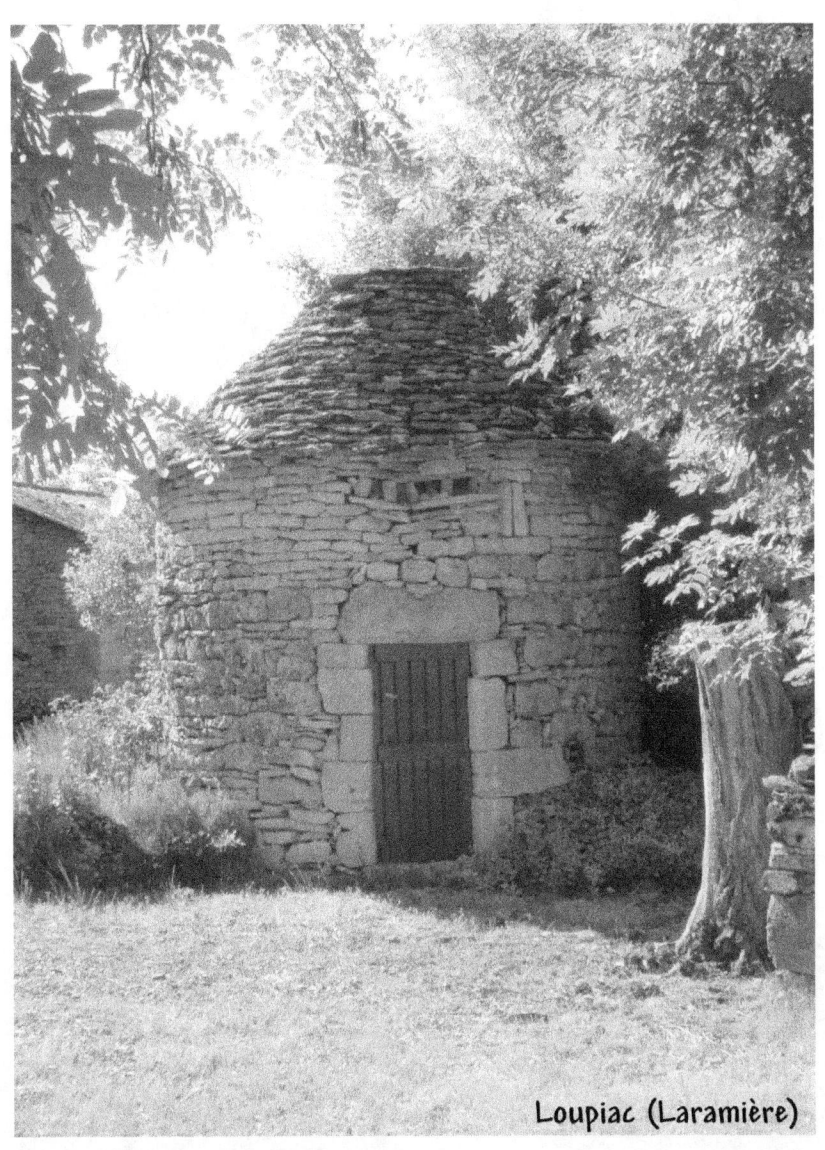

Loupiac (Laramière)

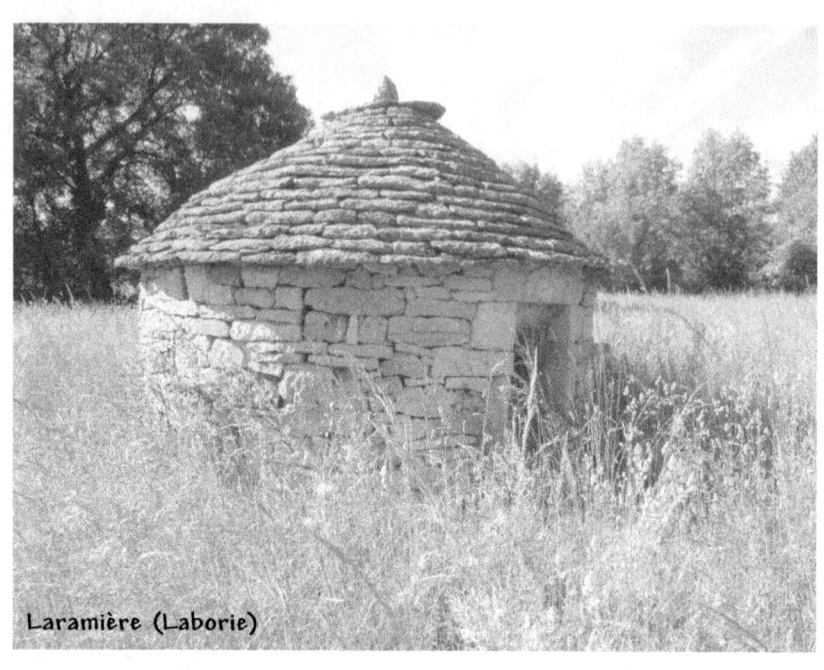
Laramière (Laborie)

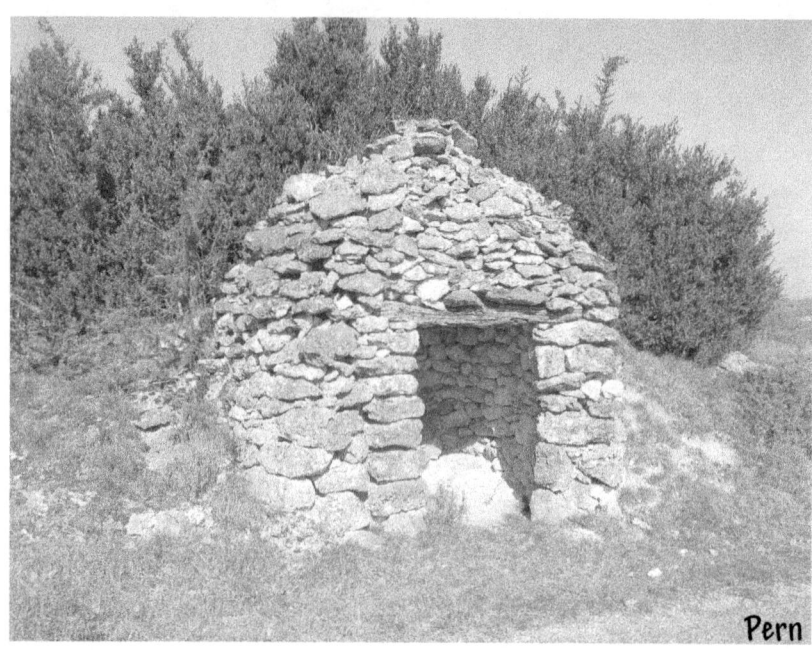
Pern

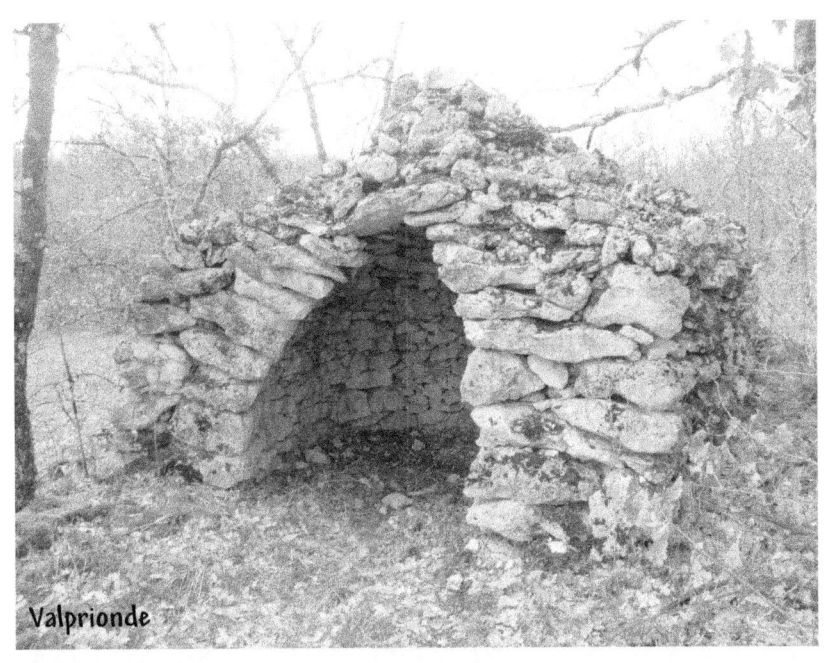

Valprionde

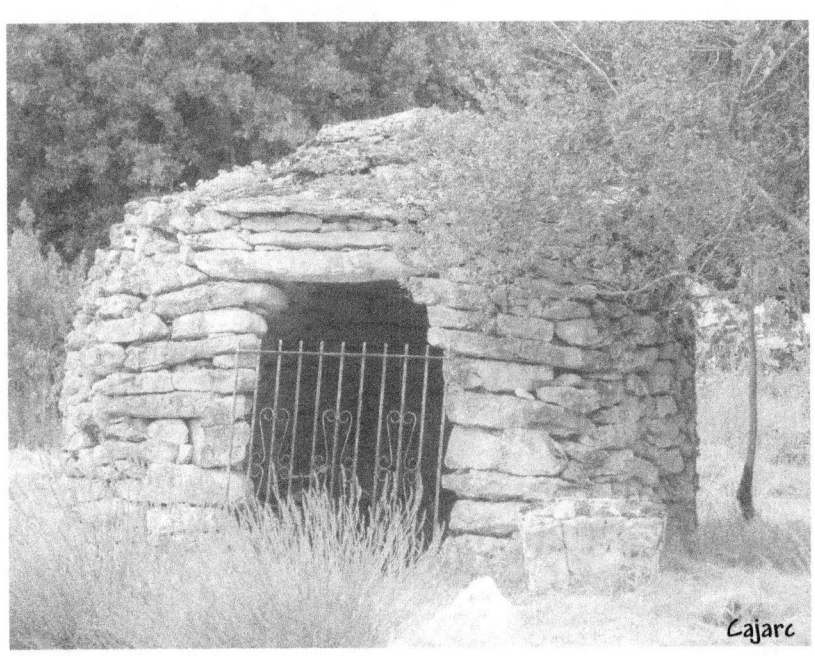

Cajarc

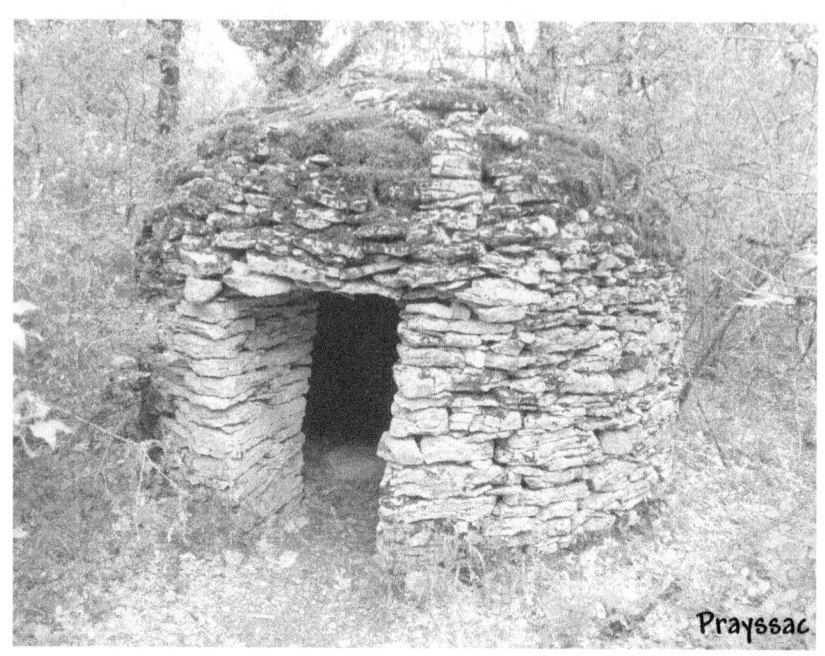

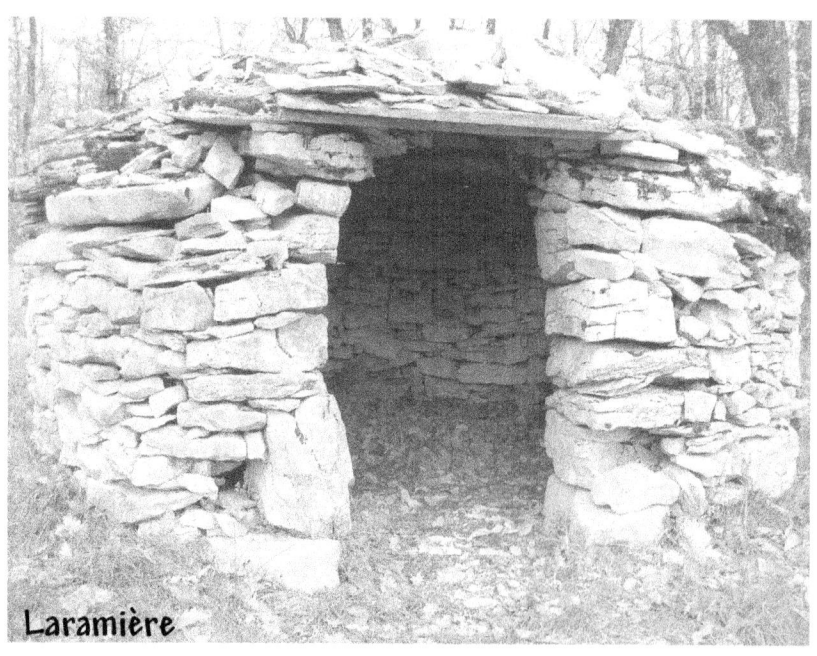

Quel avenir pour nos campagnes lotoises ?

L'idée d'un vaste mouroir de luxe pour riches étrangers semble avoir été approuvée à une époque (restons vague, les noms sont inutiles en l'état de la législation française !)
Ce qui permit à de nombreuses demeures d'éviter la chute finale.
Une partie de notre patrimoine fut ainsi sauvé.

Pour des raisons de cours des monnaies mais également par sentiment de s'installer sur un territoire trop éloigné des centres de soins d'urgence, portes et fenêtres se sont fermées...
La campagne s'étiole... certes Montcuq peut se prévaloir d'un tourisme sans commune mesure avec sa volonté politique, au point que de nombreux "locaux" ont déserté son marché du dimanche matin, devenu une mini foire sans âme.
Rocamadour, Saint Cirq Lapopie, les grottes de Lascaux, le gouffre de Padirac tirent également le tourisme...

Et l'argent coule à flots sur Cahors et Figeac... ainsi se dilapident des sommes considérables dans des initiatives risibles...

Mais les campagnes ? Celles où, en s'égarant, on peut se retrouver devant un merveilleux pigeonnier, une gariotte non répertoriée ?... En même temps, nos élus peuvent éditer des brochures pour témoigner de leur implication...

Qui a construit la première gariotte ?

Il serait sûrement agréable de pouvoir affirmer qu'il s'agit d'un ancêtre de "l'éminent" Malvy Martin... mais nous n'en savons rien... Soyons modestes, nous sommes déjà incapables d'expliquer notre département au-delà de quelques banalités et histoires de "grandes familles", que ce patrimoine des pauvres...

À Cambes, dans le canton de Livernon, commune tombée dans l'intercommunalité du "Grand Figeac", en 1460 un agriculteur s'engagea, par acte notarié, à vendre des "cazelas." Sûrement la plus ancienne trace du terme... Ainsi "les puristes" ont leur raison d'exiger l'utilisation de cazelle... L'écrivain étant celui qui façonne le langage, ce genre de sophisme de la tradition ne doit pas interférer...

Elles servaient à quoi ?

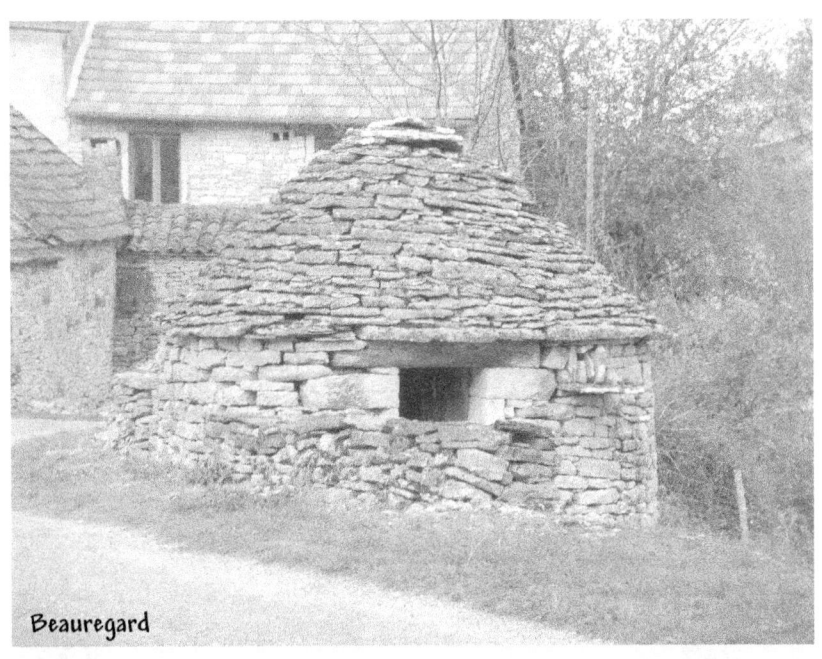

Beauregard

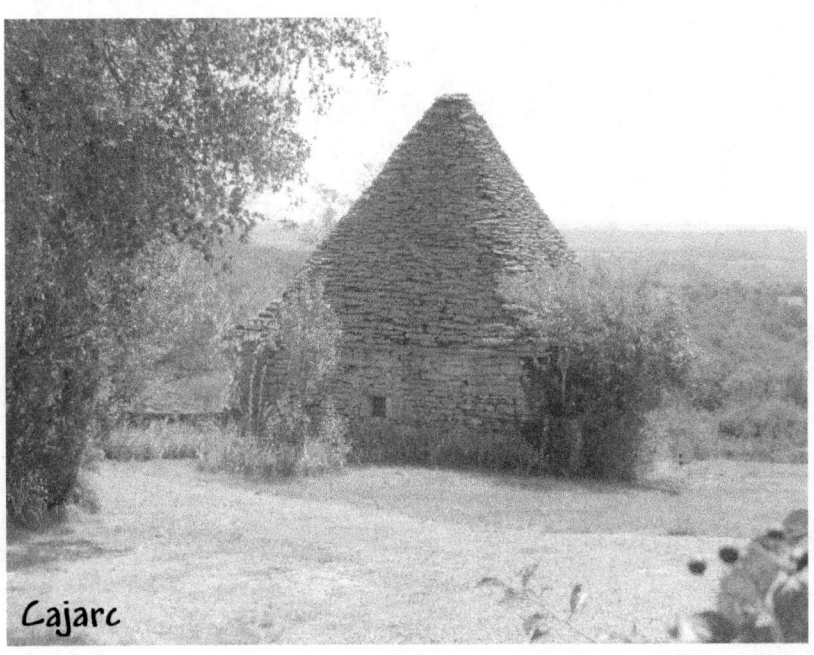

Cajarc

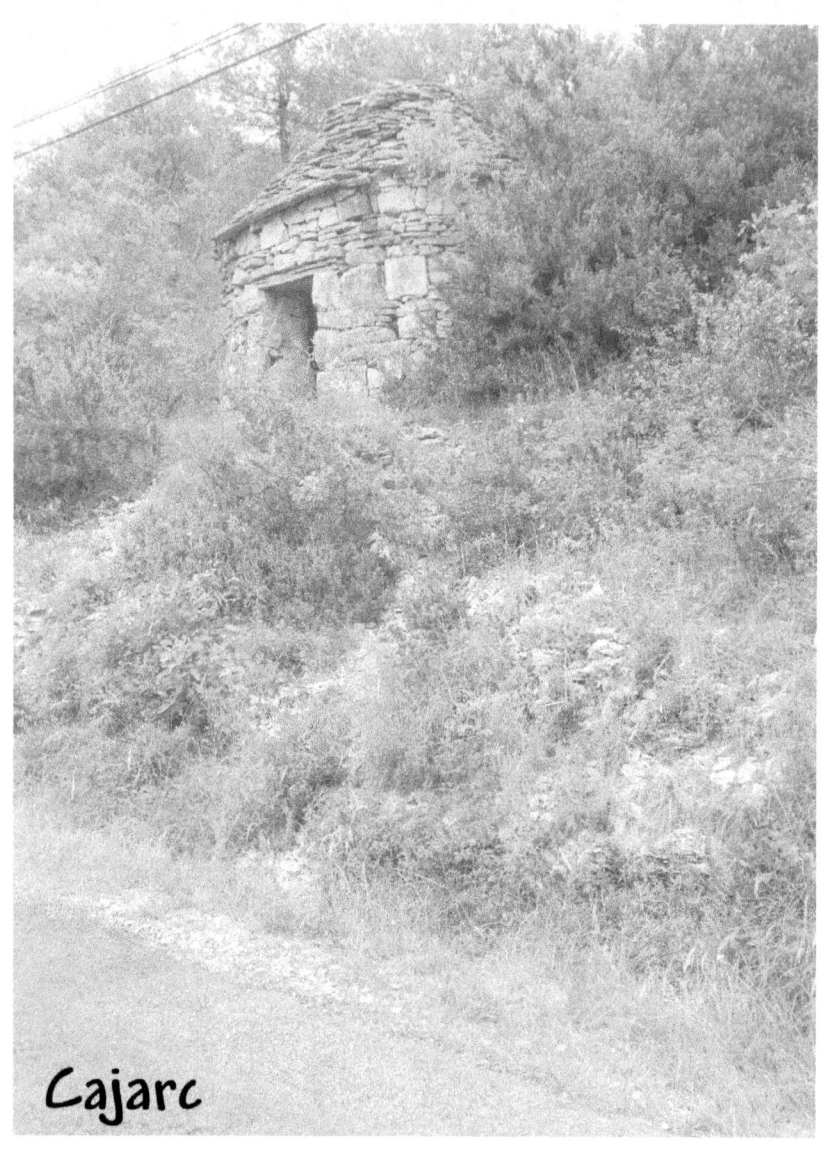

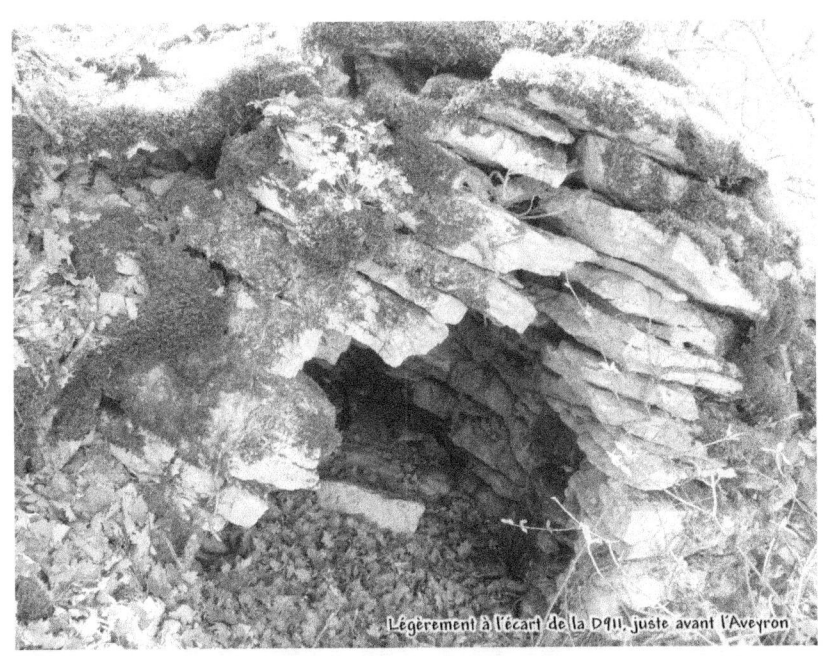

Légèrement à l'écart de la D911, juste avant l'Aveyron

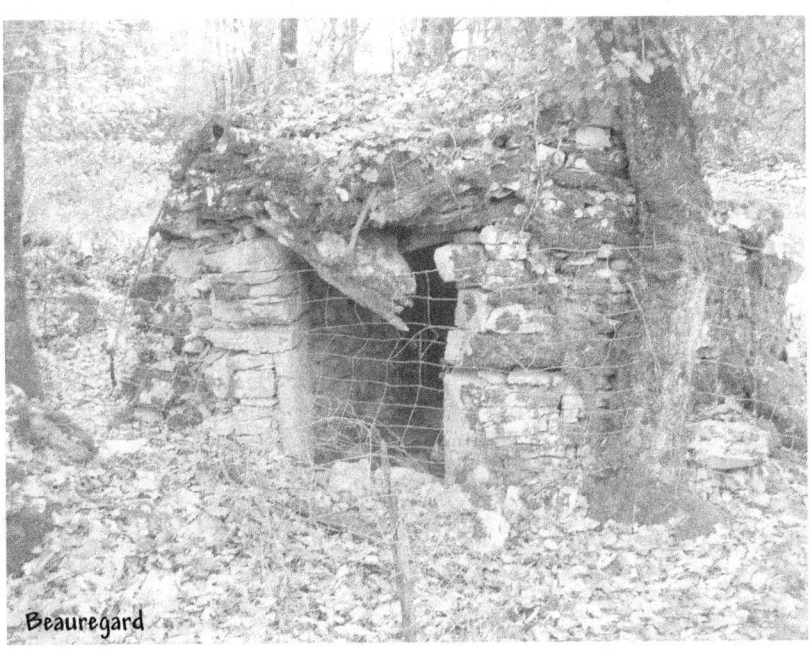

Beauregard

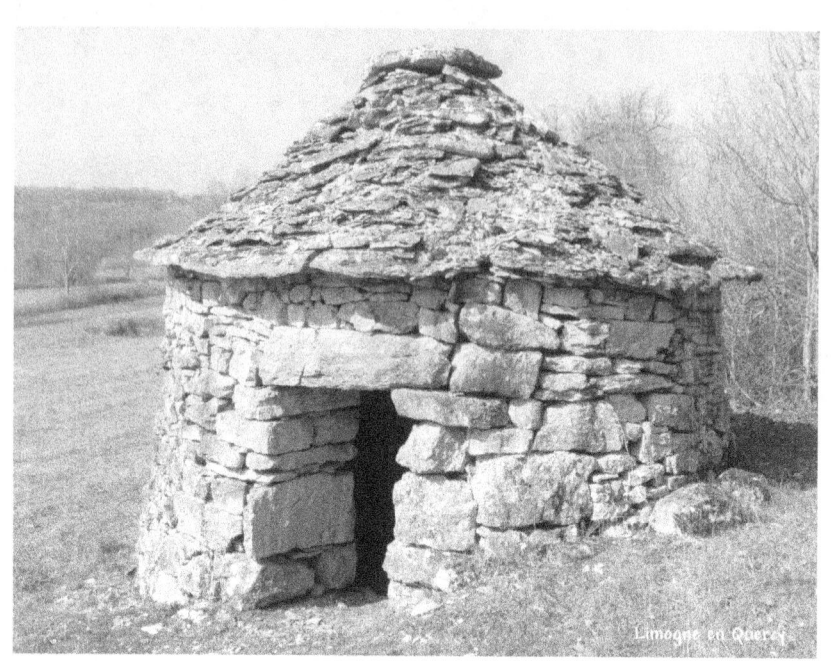

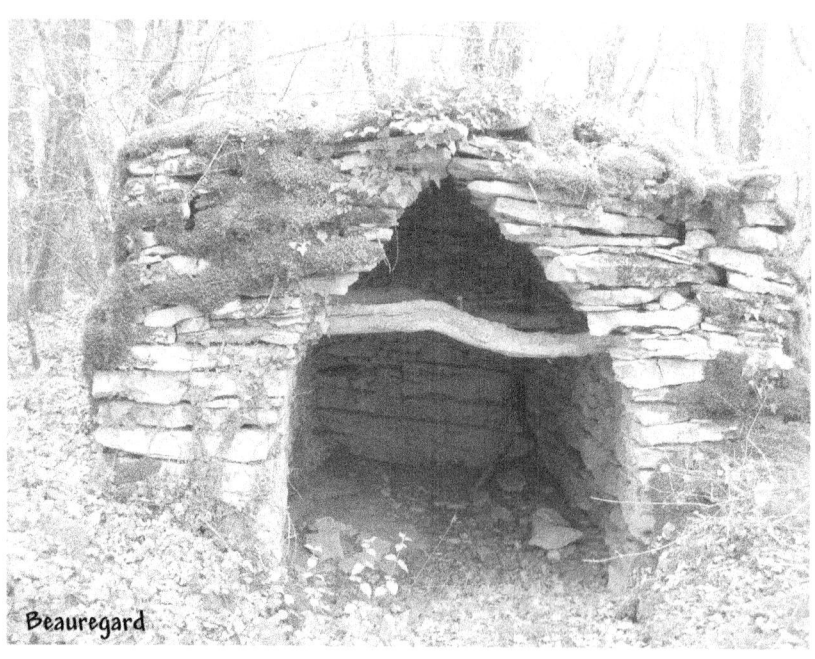

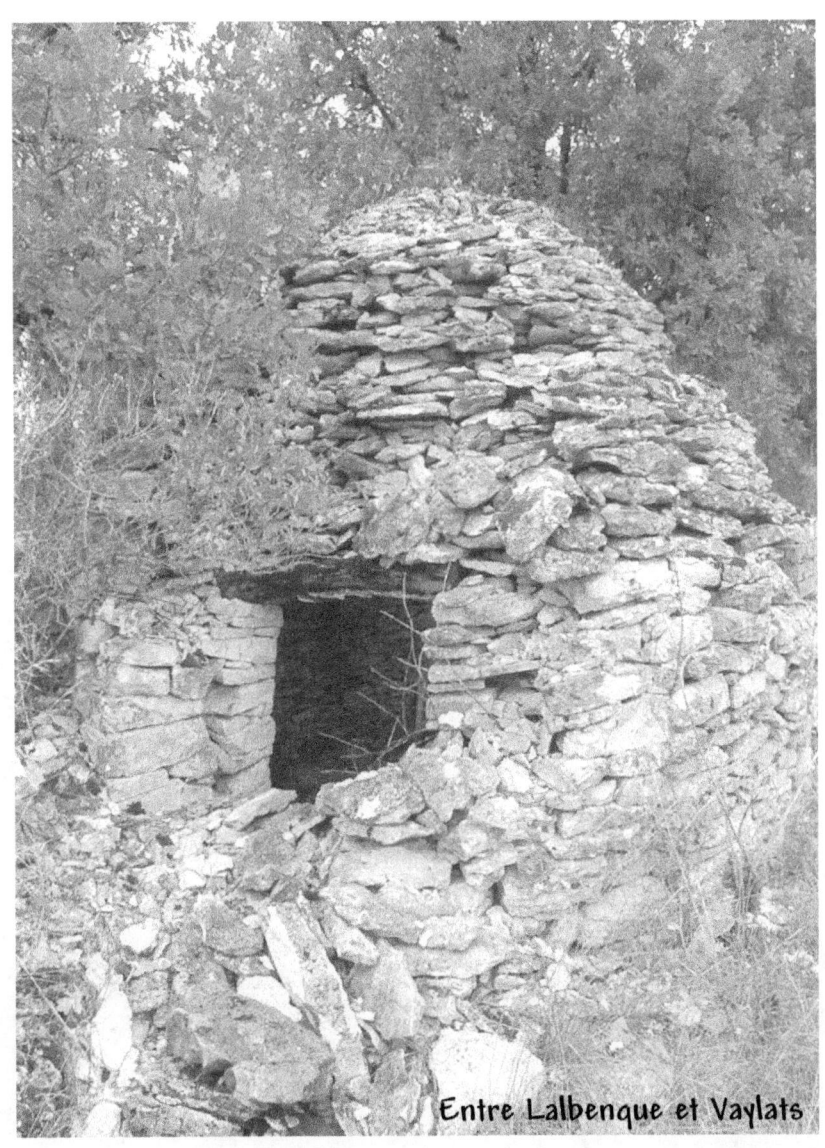
Entre Lalbenque et Vaylats

Un peu de ciment...

C'est tentant d'ajouter un peu de ciment ? Surtout dans les zones touristiques où l'on peut craindre l'envie, chez "des jeunes", de voir le résultat du retrait d'une pierre... comme on peut également s'amuser à balancer des cailloux dans des vitraux...

L'exemple le plus flagrant se situe au parc aux singes apprivoisés du village kitch de Rocamadour... (et son salon du livre en septembre, hors période d'important lectorat potentiel... où les éditeurs sont priés de payer pour participer... dérive très fréquente dans un pays où les subventionnés ont les moyens de redonner un peu d'argent public aux associations déjà bénéficiaires d'argent public qu'ils ne manqueront sûrement pas de dépenser en publicité dans le grand quotidien régional)

Mais, même loin des cas extrêmes où la gariotte a perdu son sens, on peut comprendre des propriétaires face aux devis des artisans... Oui, il vaut mieux éviter une nouvelle intervention dans cinq ans ! Alors qu'une gariotte s'entretient...

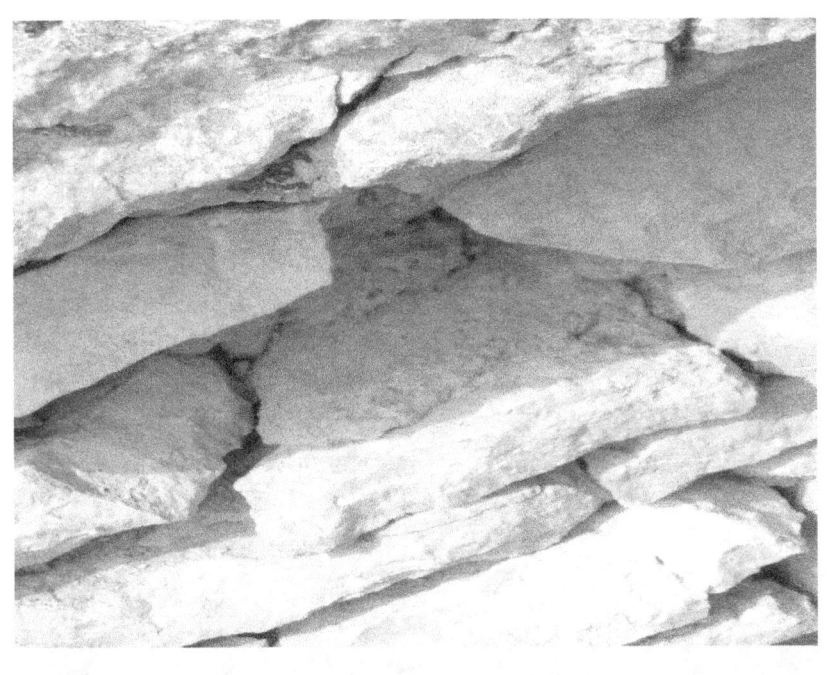

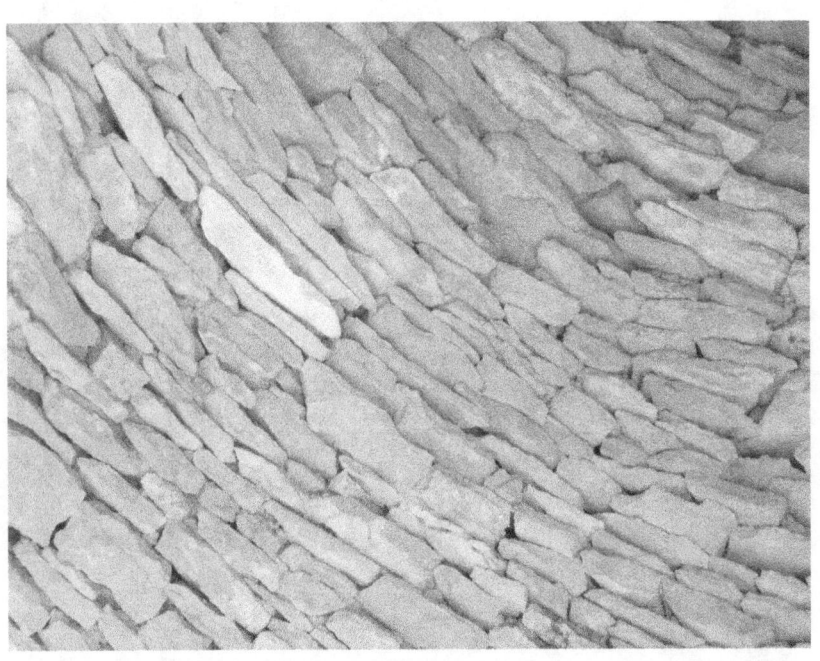

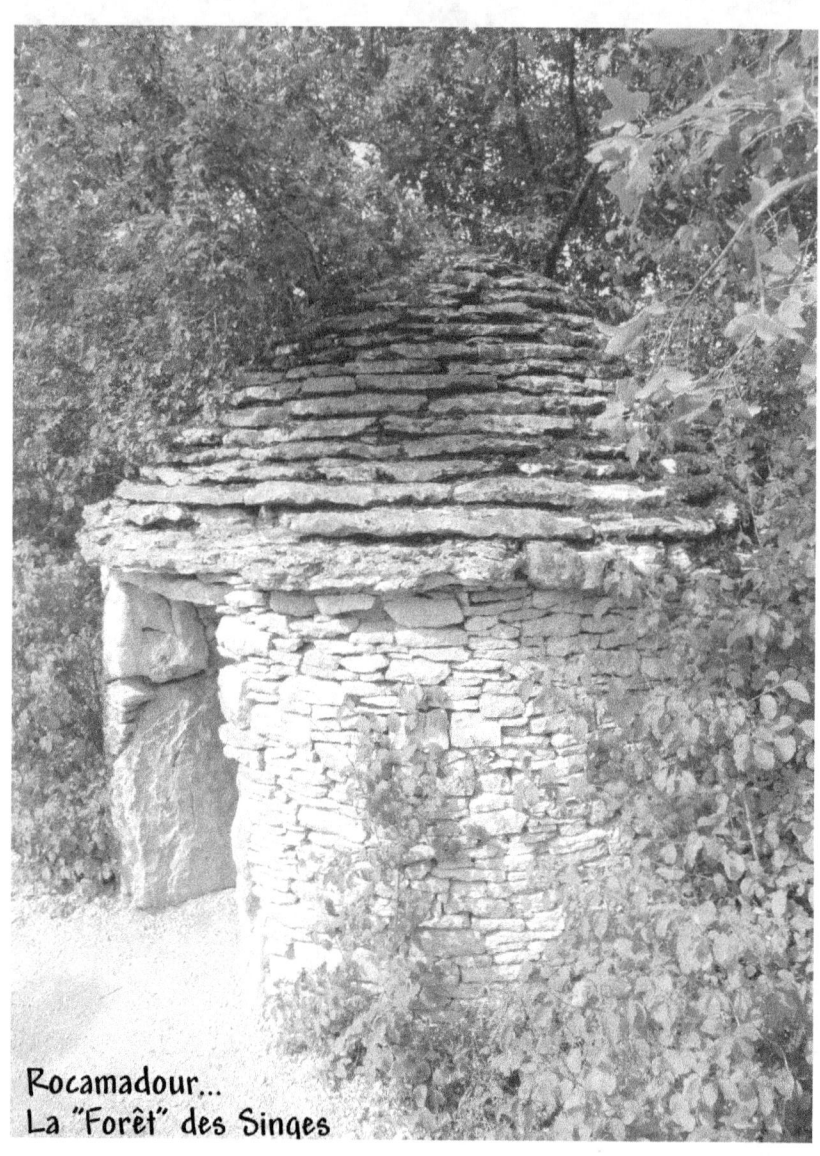
Rocamadour...
La "Forêt" des Singes

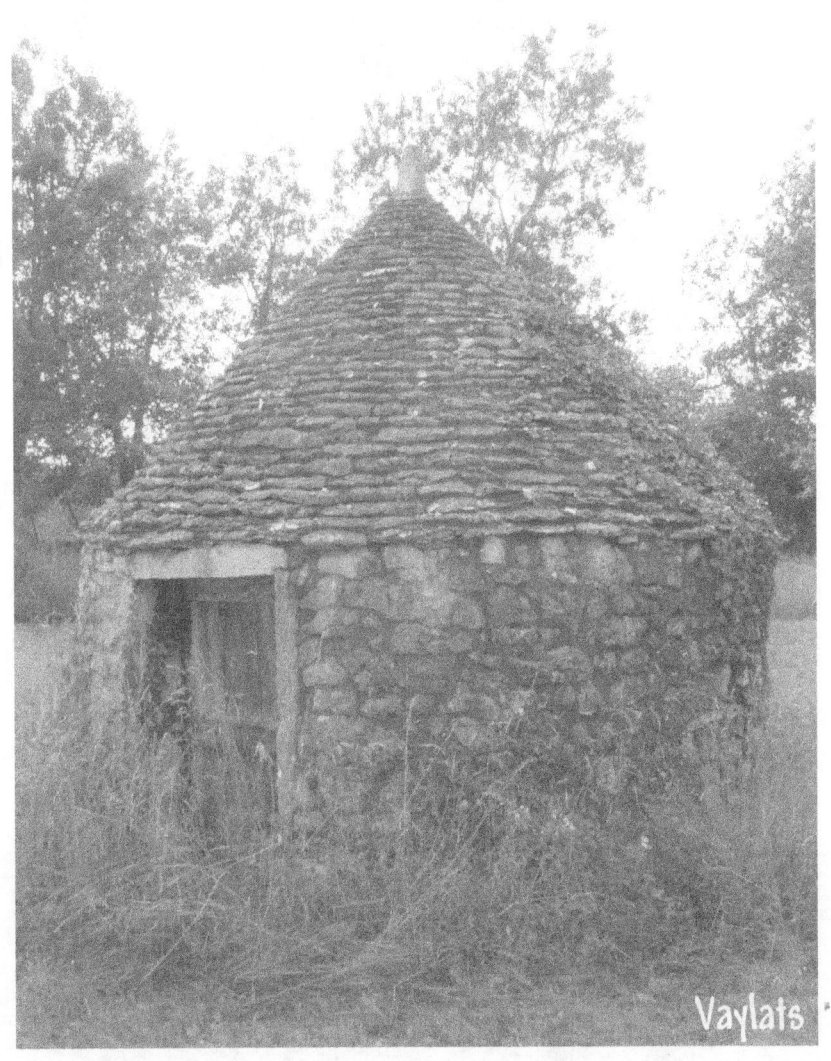

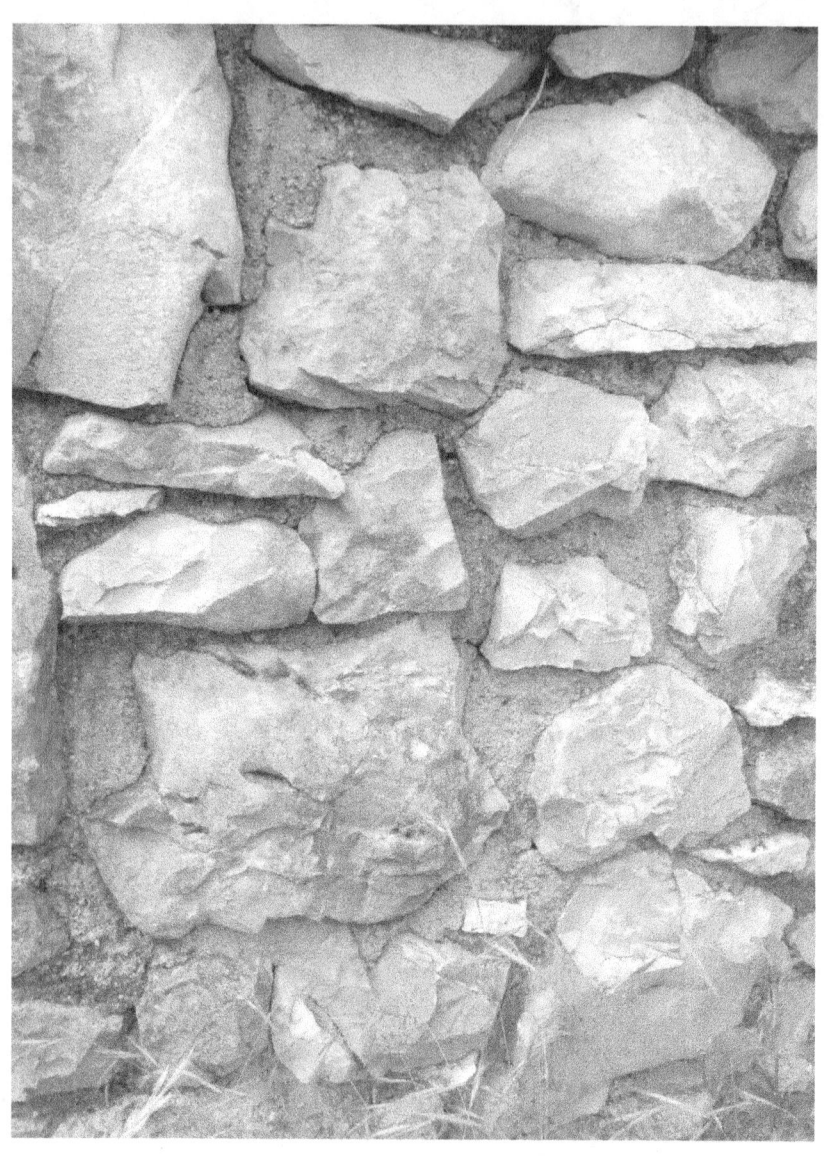

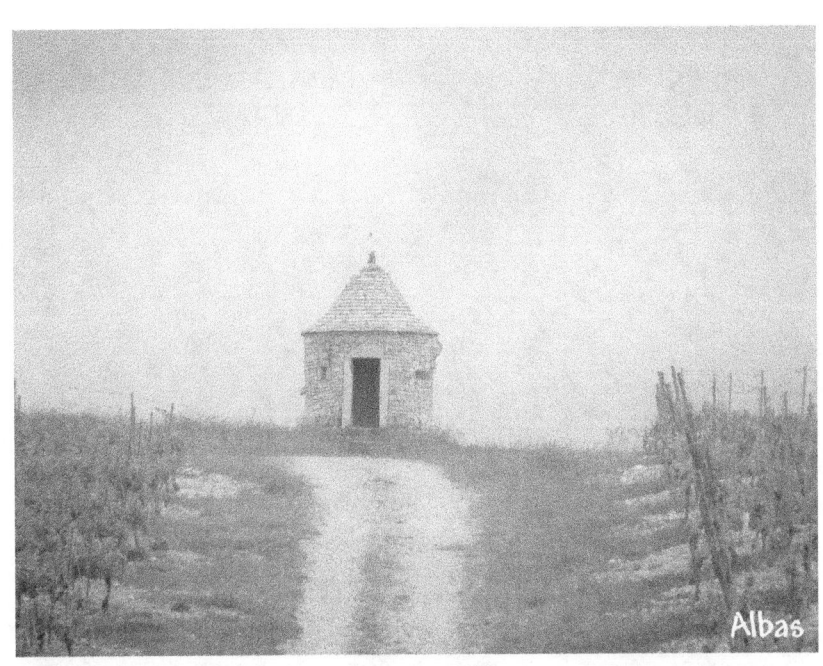
Albas

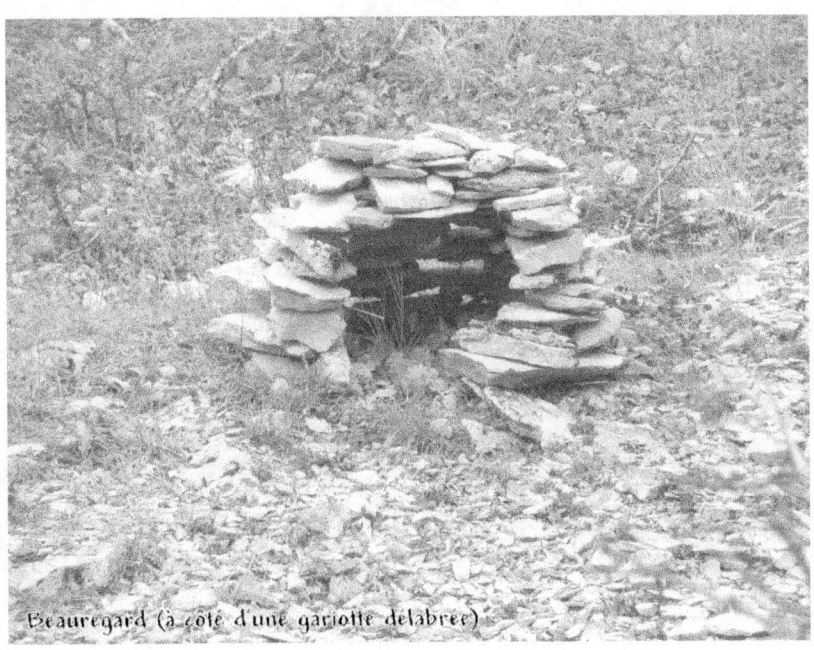
Beauregard (à côté d'une gariotte délabrée)

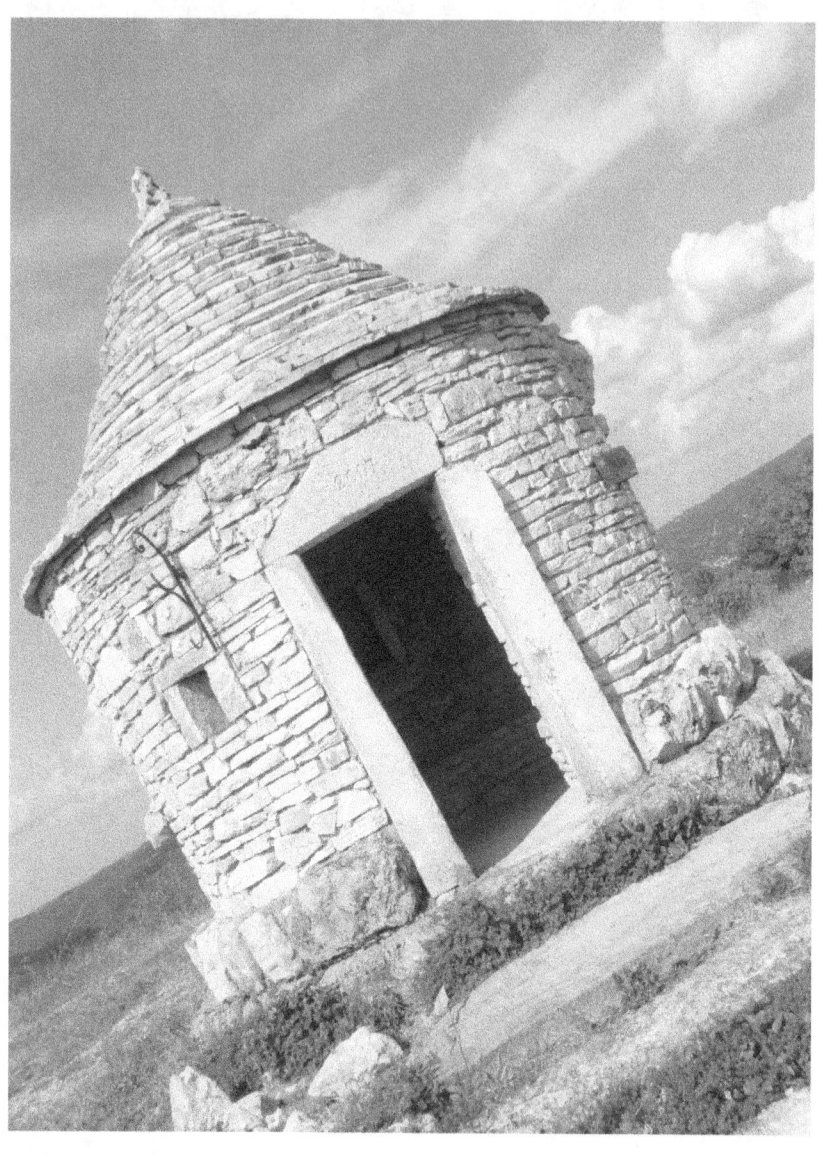

Retour à Albas... Gustave Guiches ne l'a pas connue, cette gariotte. Elle est de 2007, et le ciment y abonde...

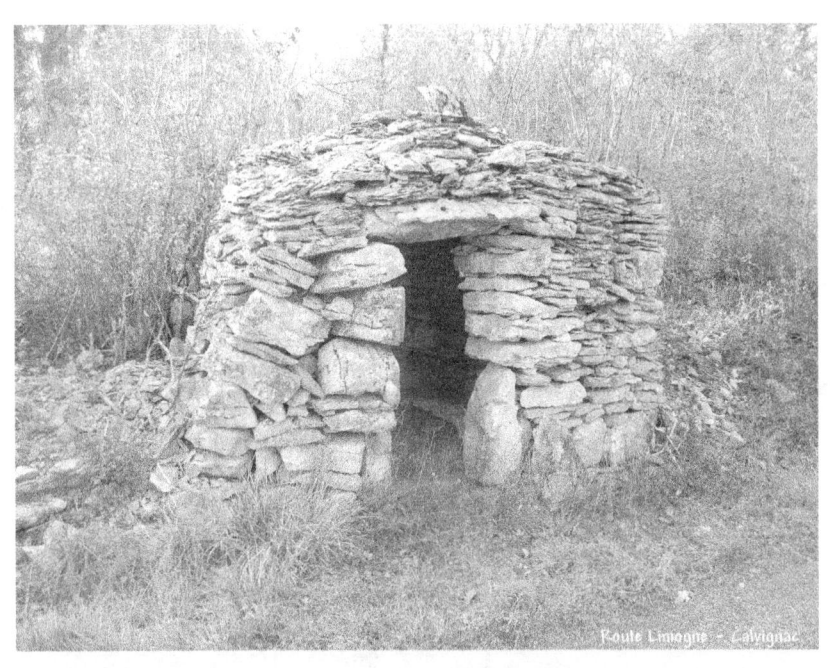

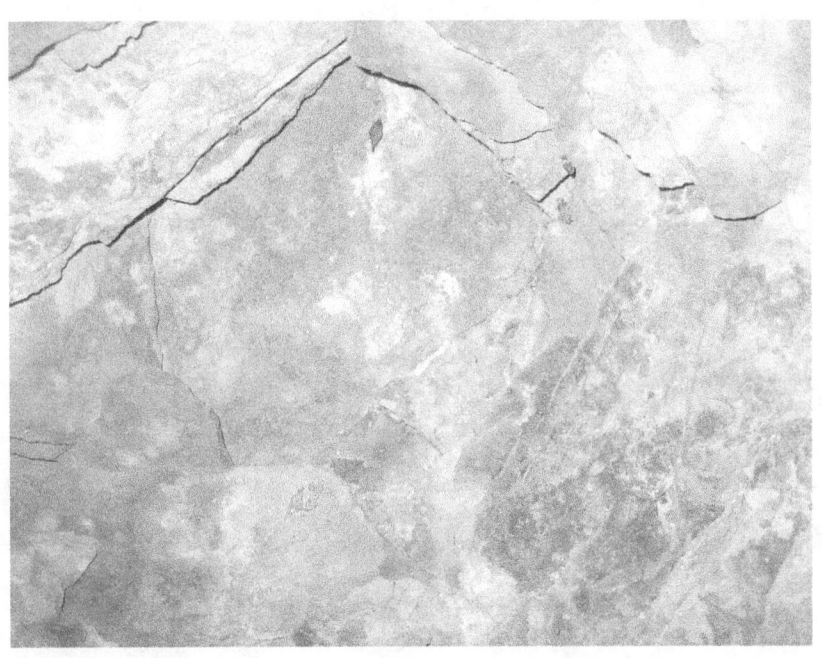

« J'aimerais de nouveau pouvoir marcher dans ces sentiers, lire tranquillement, appuyée contre un chêne comme je le faisais les après-midis de beau temps, m'installer dans la gariotte quand il pleut... Comme les choses simples et naturelles sont belles, me remplissent d'espoir. »

Nadège, *le Roman de la Révolution Numérique,* de Stéphane Ternoise

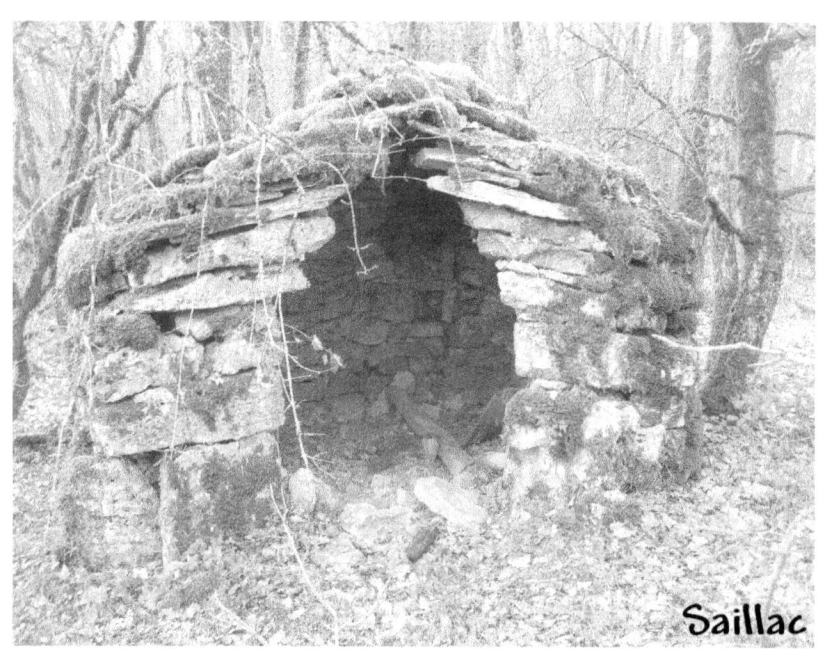

Saillac

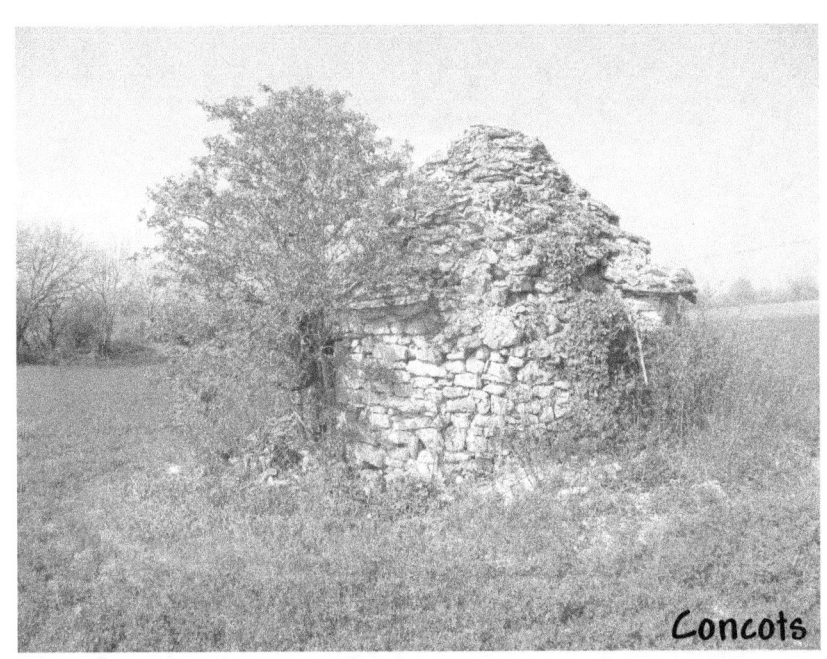

Concots

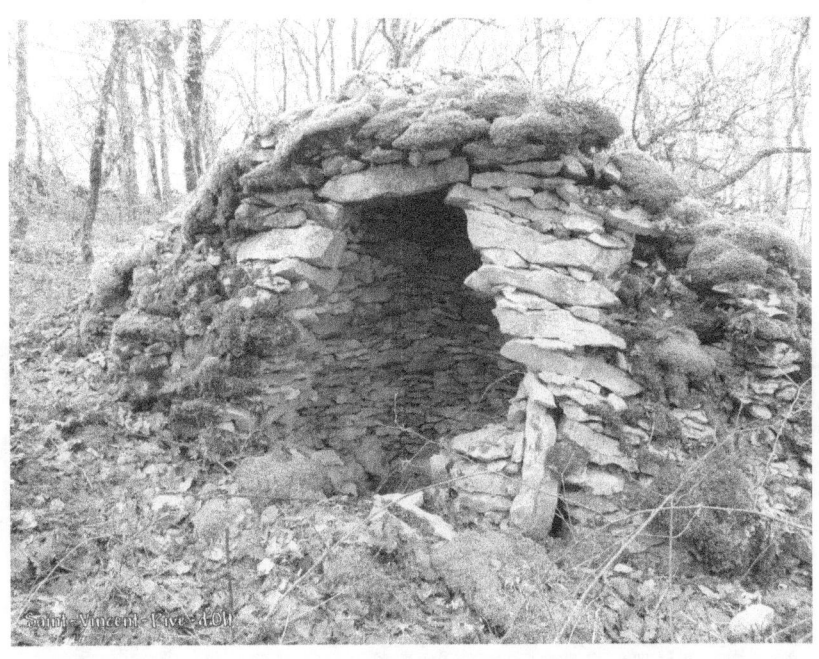

Saint-Vincent-Rive-d'Olt

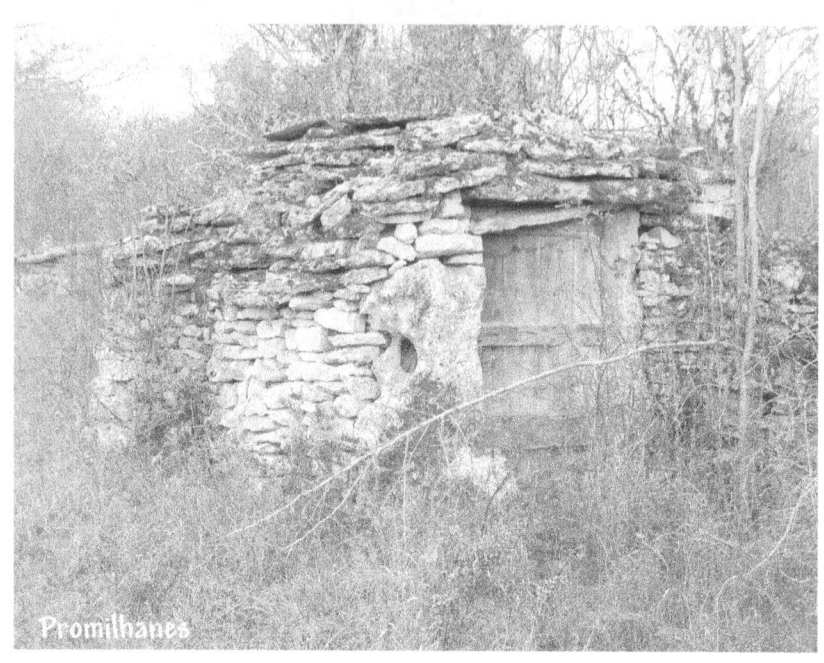
Promilhanes

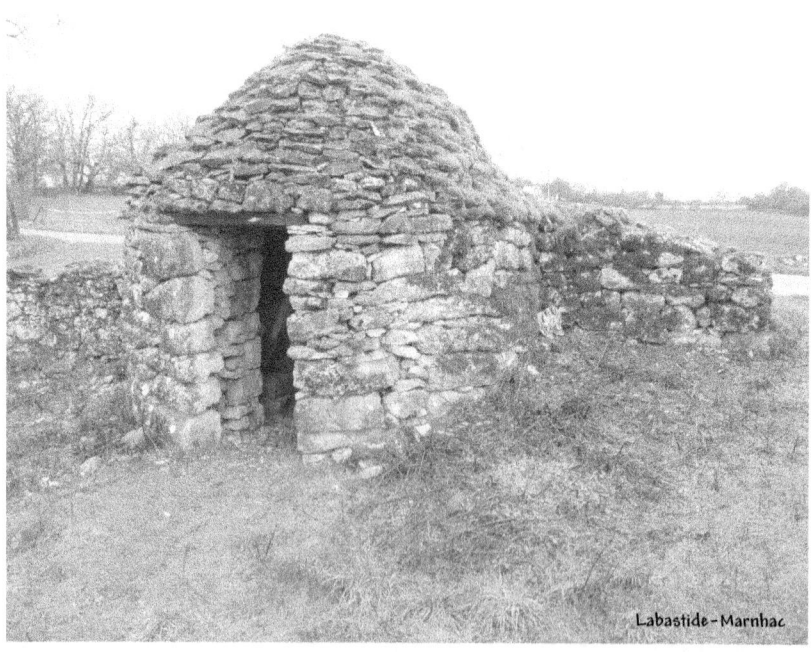
Labastide-Marnhac

Gariotte, cazelle, cabane, peu importe le nom : il s'agit de constructions en pierres sèches, sans charpente (ou alors réduite à quelques bastaings), caractéristiques du Quercy au point que certains produits l'utilisent pour marquer leur origine, l'idée de tradition gastronomique quercynoise.

Certains voudraient imposer une distinction où *gariotte* se limiterait aux trous, modestes abris dans les murs ou tas de pierres, quand *cazelle* s'appliquerait à la construction en pierre sèche, de préférence ronde et couverte en coupole encorbellée. D'autres condamnent gariotte, utilisé uniquement aux alentours de Cahors, et terme des vilains sans racines lotoises. Donc tout bon lotois devrait causer cazelle ! Arguties balayées par une évidence : les anciens parlaient de *cabane*.
Le terme « gariotte » s'est imposé, peut-être pour sa beauté, la part d'insondable poésie véhiculée.

Le grand Robert de la langue française ne nous apporte aucun élément : ni l'une ni l'autre chez la référence dirigée par Alain Rey aussi pris en flagrant délit d'oubli d'auto-édition alors que ses dictionnaires sont auto-édités ! (j'ignore si parmi ses ancêtres certains ont travaillé notre terre)

Gariotte semble provenir de *garite* (1360), de l'ancien français *garette*, de *garir* "protéger", comme guérite. De guérite à gariotte... refuges.
Quant à **cazelle** : la case, du latin *casa*, cabane.

Même si la technique était connue avant, les plus anciennes visibles sont (seraient) du début du dix-neuvième siècle, période de forte démographie régionale, d'où défrichement de parcelles nécessaires et donc épierrement (ou épierrage ; retirer les pierres et cailloux des parcelles).

L'arrivée de "nouvelles charrues" à soc, qui permettaient de travailler la terre de manière plus profonde, nécessita également l'épierrement.

Que faire de ces pierres ? Des murets pour séparer les parcelles et des abris pour les hommes lors des intempéries, les outils agricoles, protéger du soleil le repas du midi, se reposer (il se murmure que des jeunes filles et de jeunes garçons y auraient connu leurs premiers émois). Pour le berger, le vigneron. Mais également y abriter l'agneau, la brebis malade.... Les tailles diffèrent, de celles où un homme peut s'asseoir à celles où une vingtaine tiennent debout.

Même si des propriétaires ont la chance de posséder des gariottes près de leur maison, elles se situaient alors principalement loin des habitations, où les terres avaient été délaissées quand le nombre de personnes à nourrir ne nécessitait pas leur utilisation.

Leur toiture sans charpente suscite l'admiration, magie de l'encorbellement, technique de construction permettant de couvrir en posant des pierres à plat, par assises régulières, avec un surplomb vers l'intérieur à chaque assise.

Furent-elles habitées ? Certaines, quand la place manqua lors de l'expansion démographique du début du dix-neuvième siècle. On cite également des cas de "marginaux", pauvres, qui en firent jusqu'au début du vingtième leur maison, parfois avec une cheminée, des fenêtres.

La technique de construction en pierres sèches servait également à bâtir les maisons, les puits et pigeonniers.

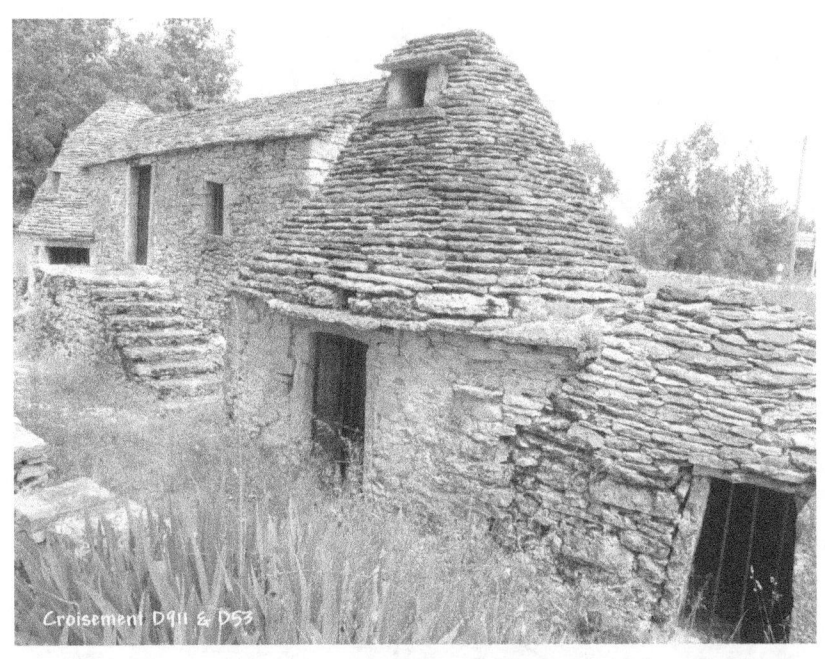

Un ensemble remarquable, récemment restauré, construit "sur le principe" des gariottes...

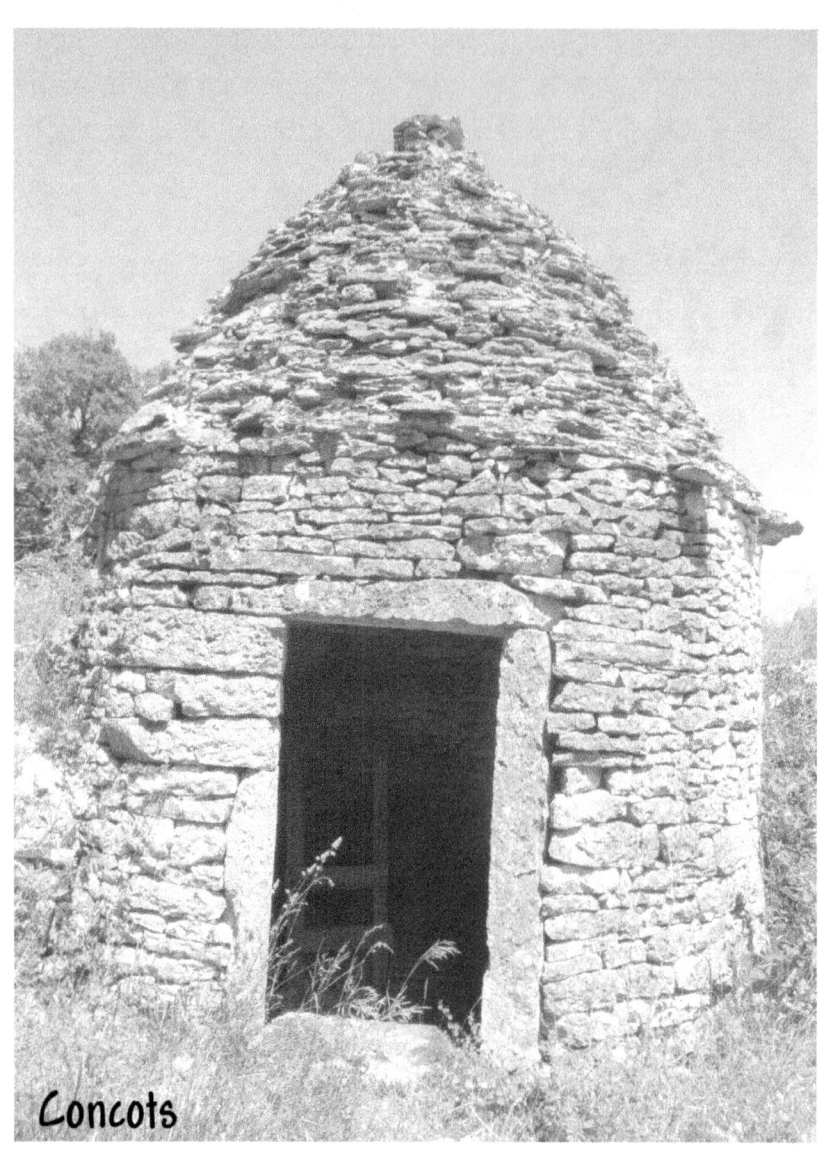
Concots

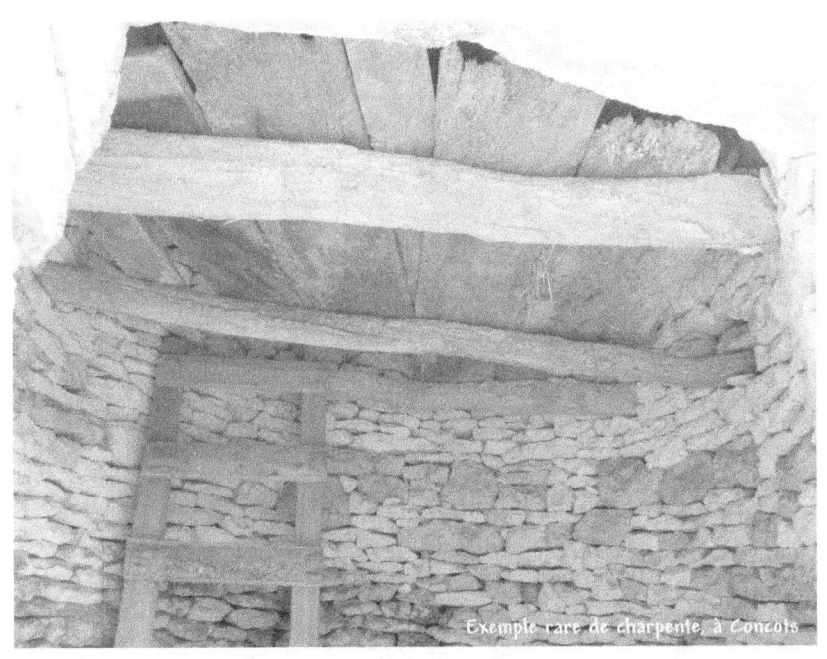
Exemple rare de charpente, à Concots

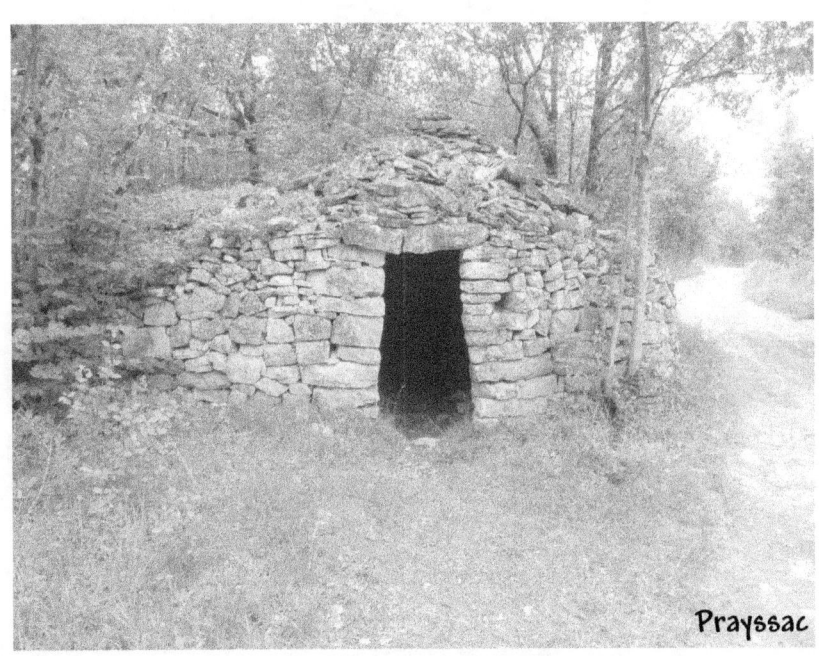
Prayssac

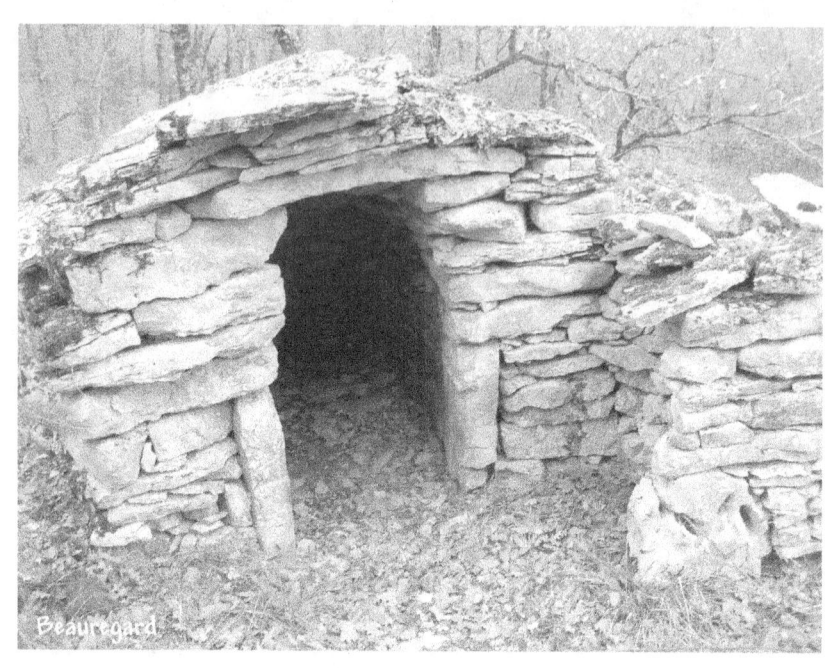
Beauregard

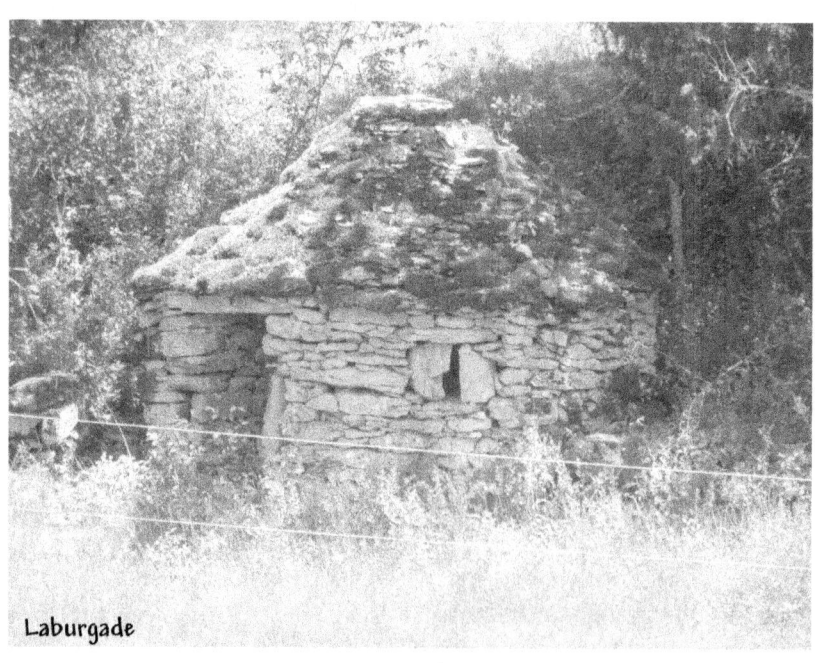
Laburgade

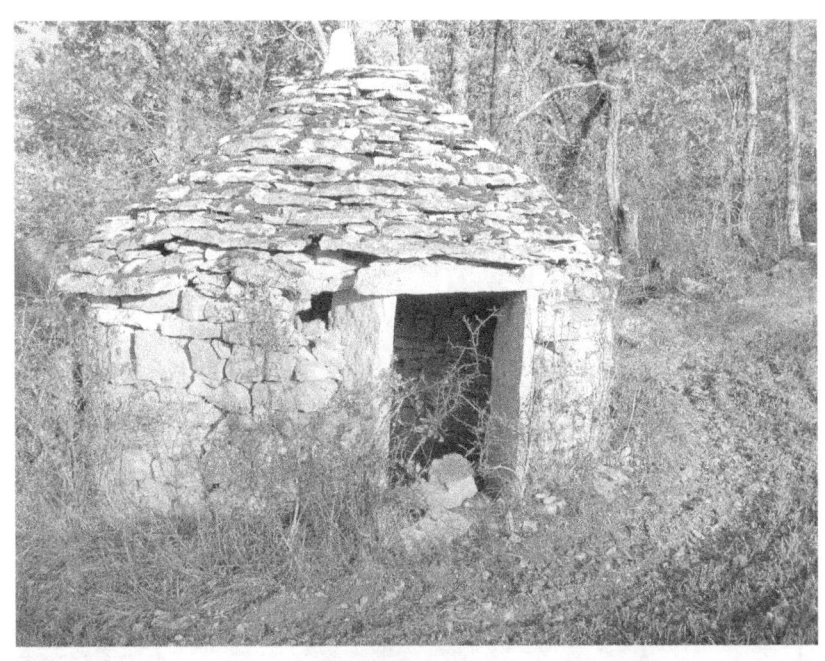

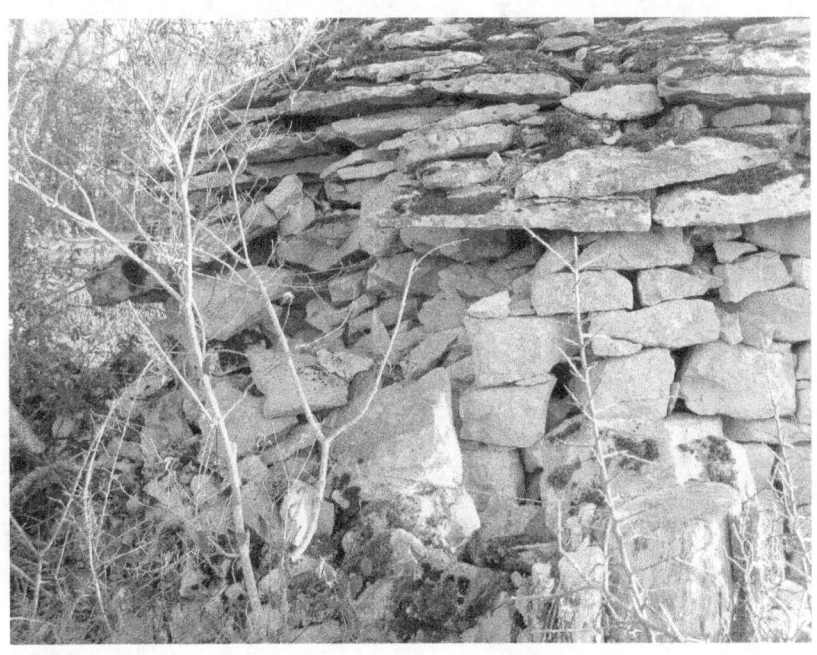

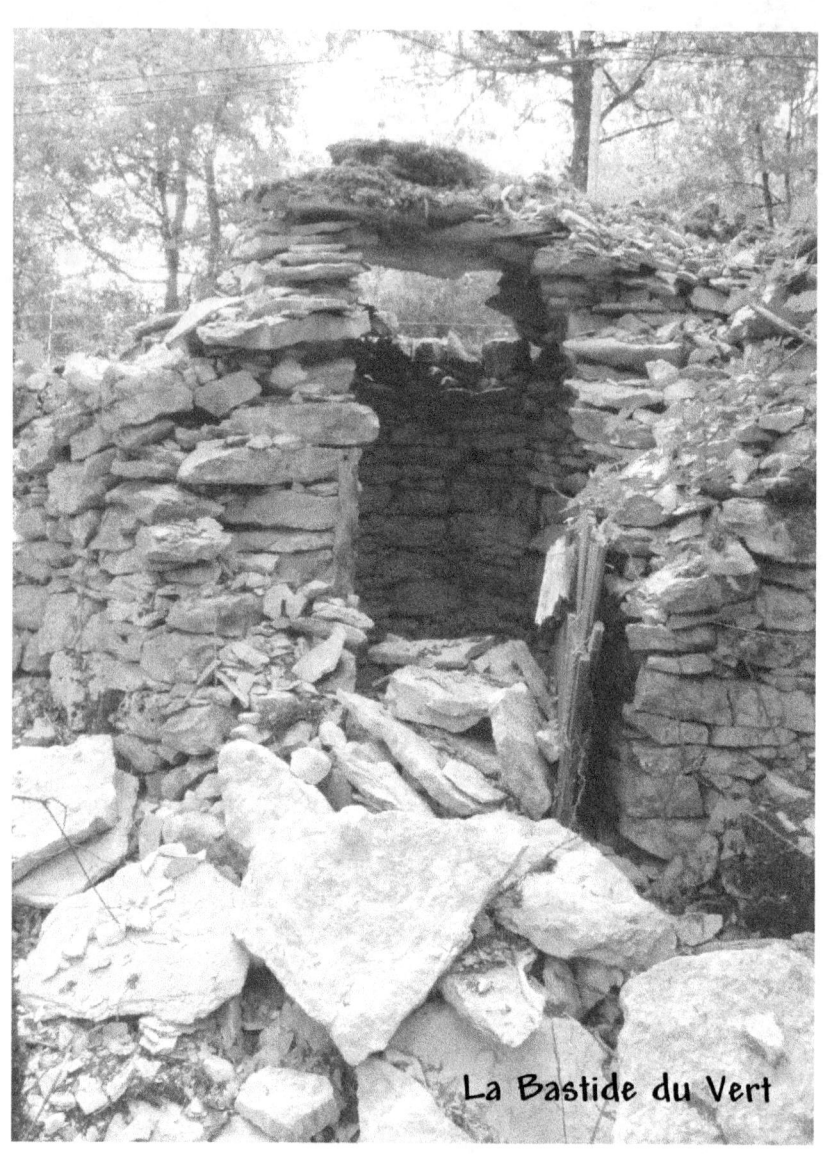

Les Dernières Pierres

Suffit de refaire la charpente
L'assise est bien portante
C'est de la bâtisse bicentenaire
C'est de la vraie pierre blanche dit le notaire
Plus de vingt ans qu'elle est en vente
Que gagnent les plantes rampantes
Déjà un mur se fissure
L'eau infiltrée ne s'assèche qu'en été

Les dernières tuiles vont tomber
La grande poutre est courbée
Y'a bien longtemps que des enfants
Ont fait disparaître les fenêtres

Plus de vingt ans qu'est mort l'Hector
Ses fils partis à Paris
Jamais n'ont remis les pieds
Dans ce trou ce bled ce bourbier ce guêpier
Ça fait trois générations
Presque tous les jeunes s'en vont
Une à une nos grandes maisons
N'abritent plus que des lapins en gîtes

Les dernières tuiles vont tomber
La grande poutre est courbée
Y'a bien longtemps que des enfants
Ont fait disparaître les fenêtres

Un jour de s'agglutiner
Les gens en seront bassinés
Voudront air pur et nature
Vu qu'Internet va relier la planète
Mais est-ce que les pierres tiendront

Jusqu'à cette révolution ?
J'ai peur que des promoteurs
Nous fassent des cages à rupins en parpaings

Les dernières tuiles vont tomber
La grande poutre est courbée
Y'a bien longtemps que des enfants
Ont fait disparaître les fenêtres

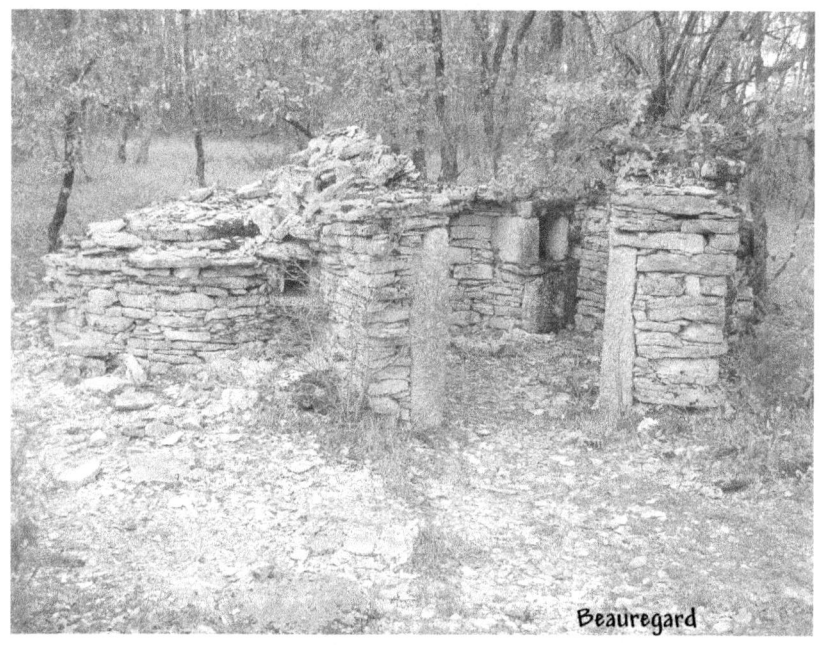
Beauregard

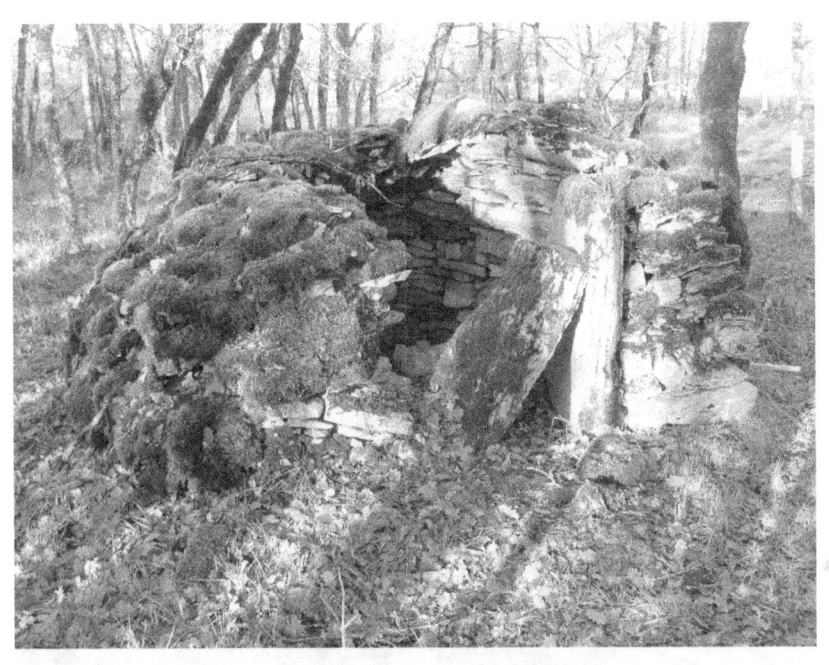

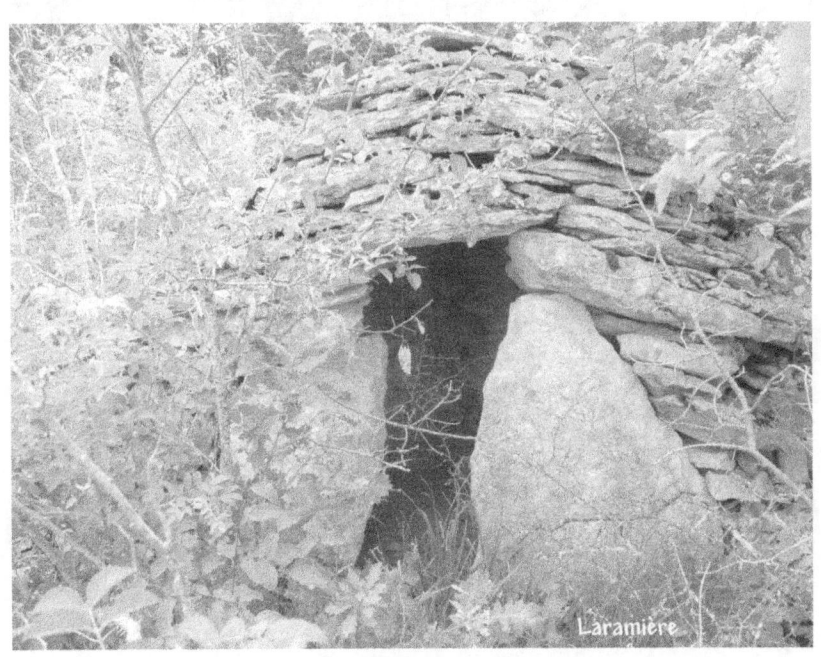

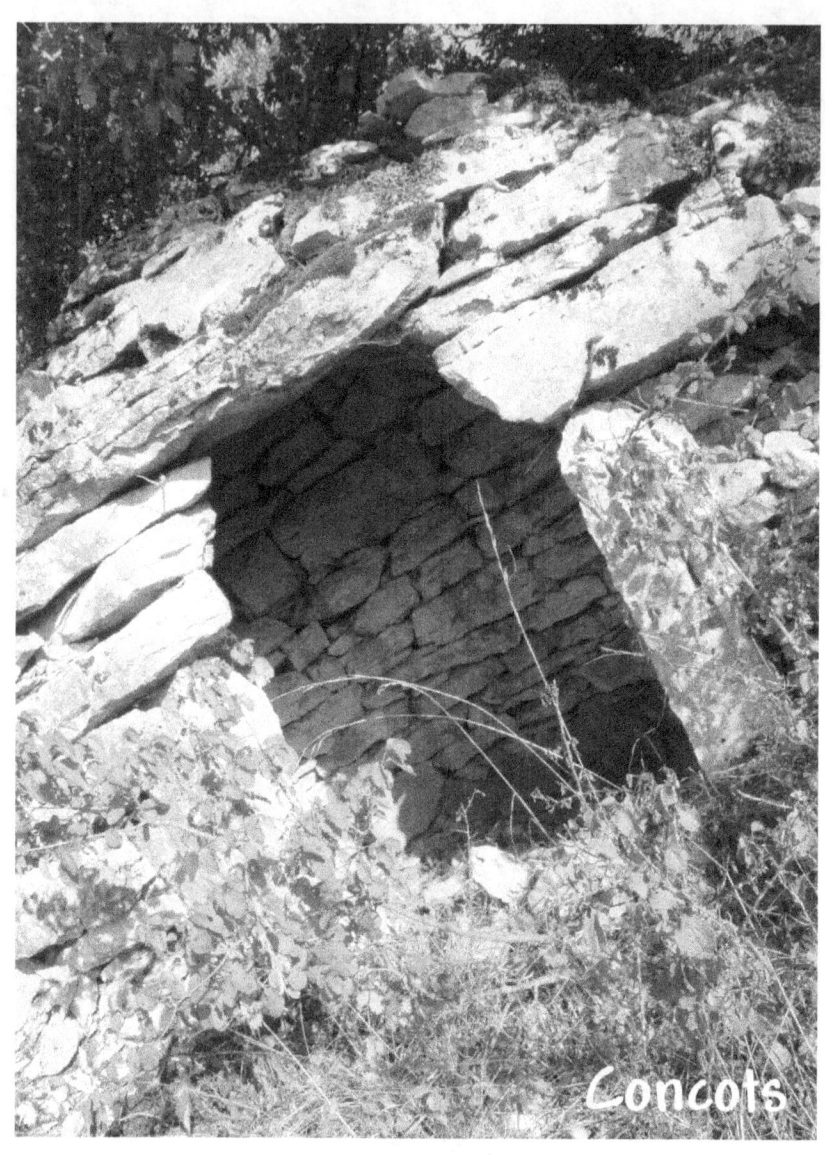

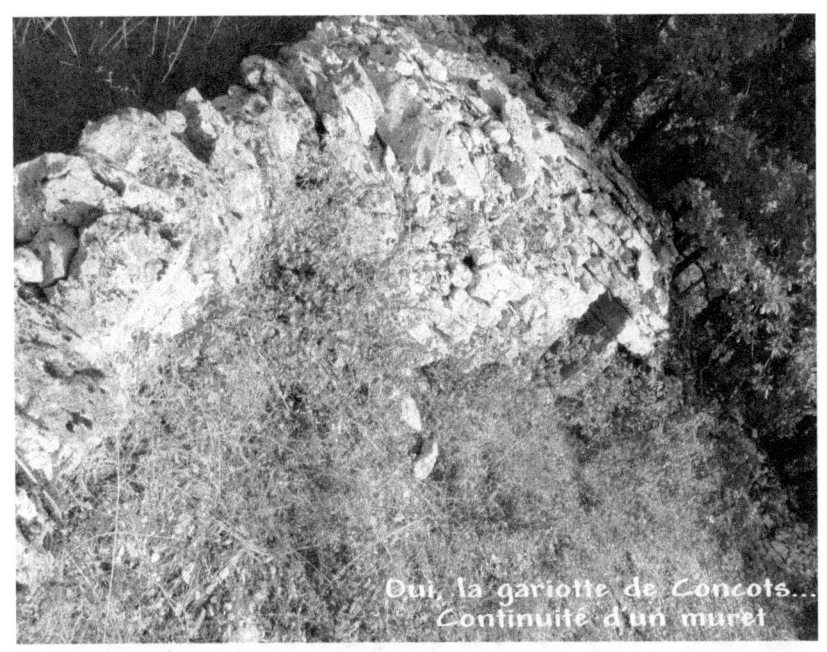

Oui, la gariotte de Concots...
Continuité d'un muret

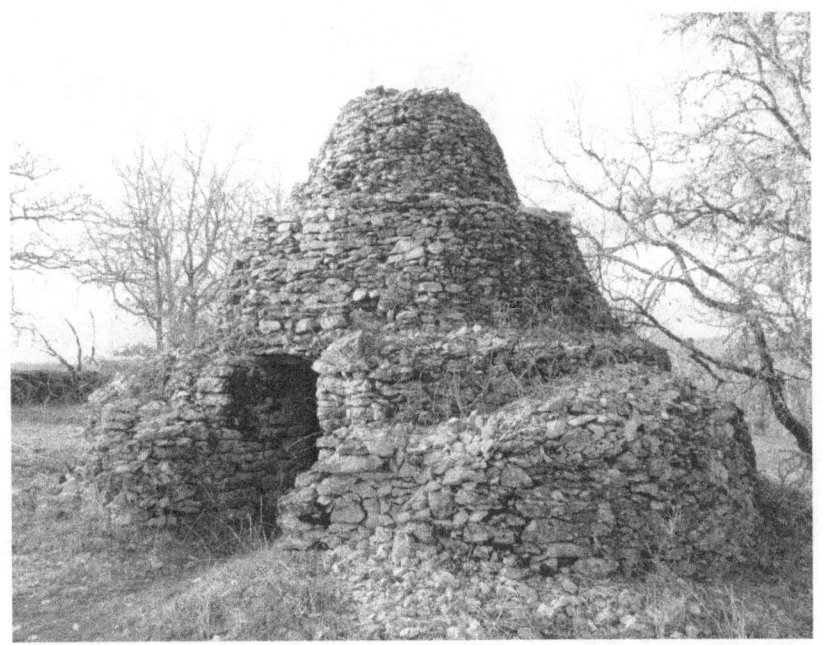

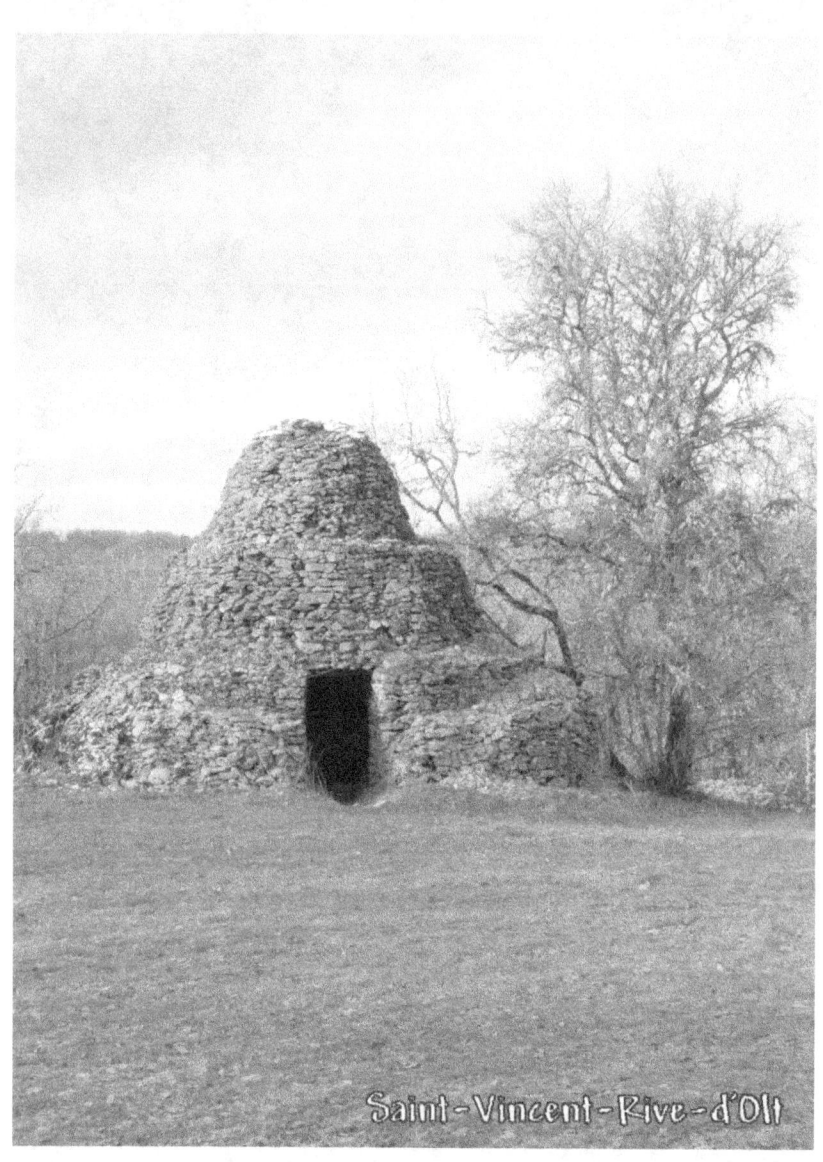

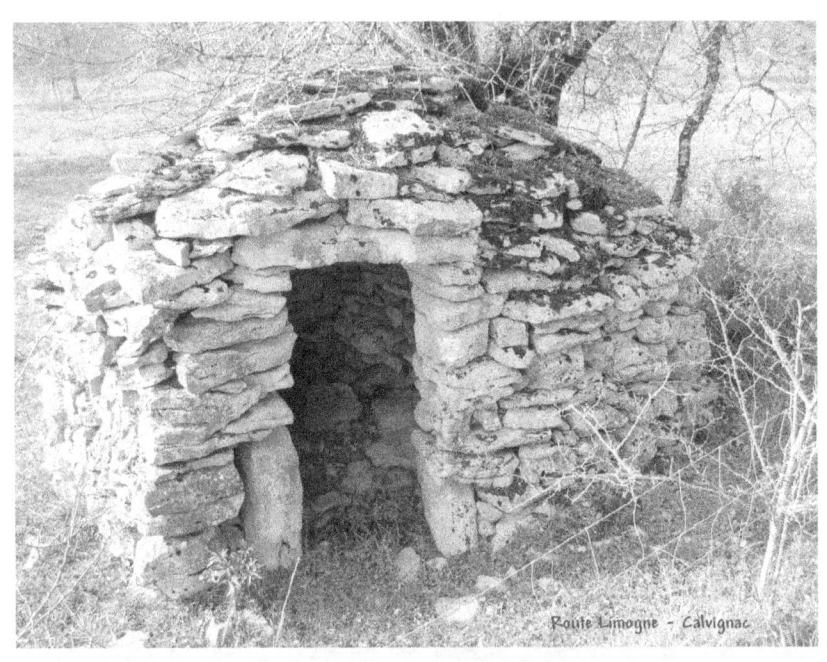

Route Limogne - Calvignac

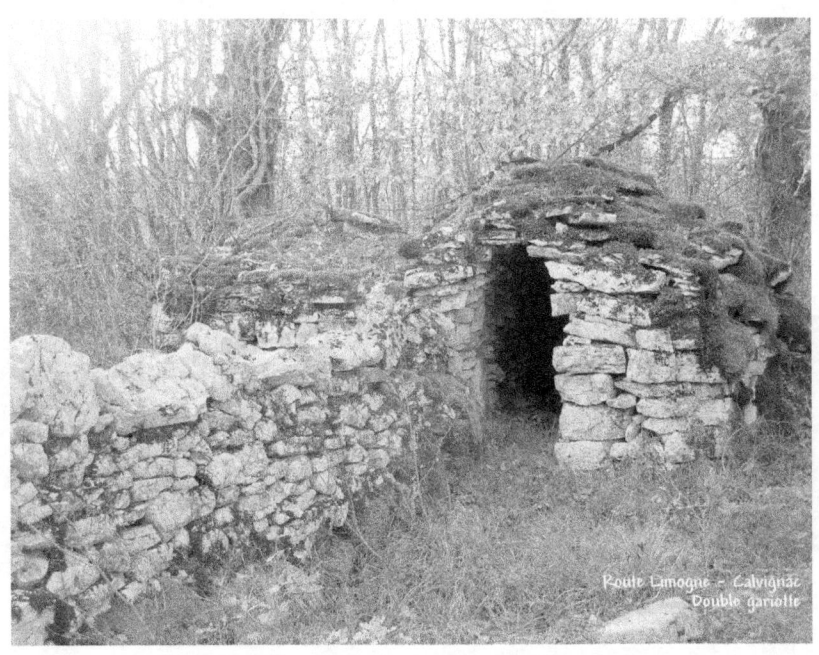

Route Limogne - Calvignac
Double gariotte

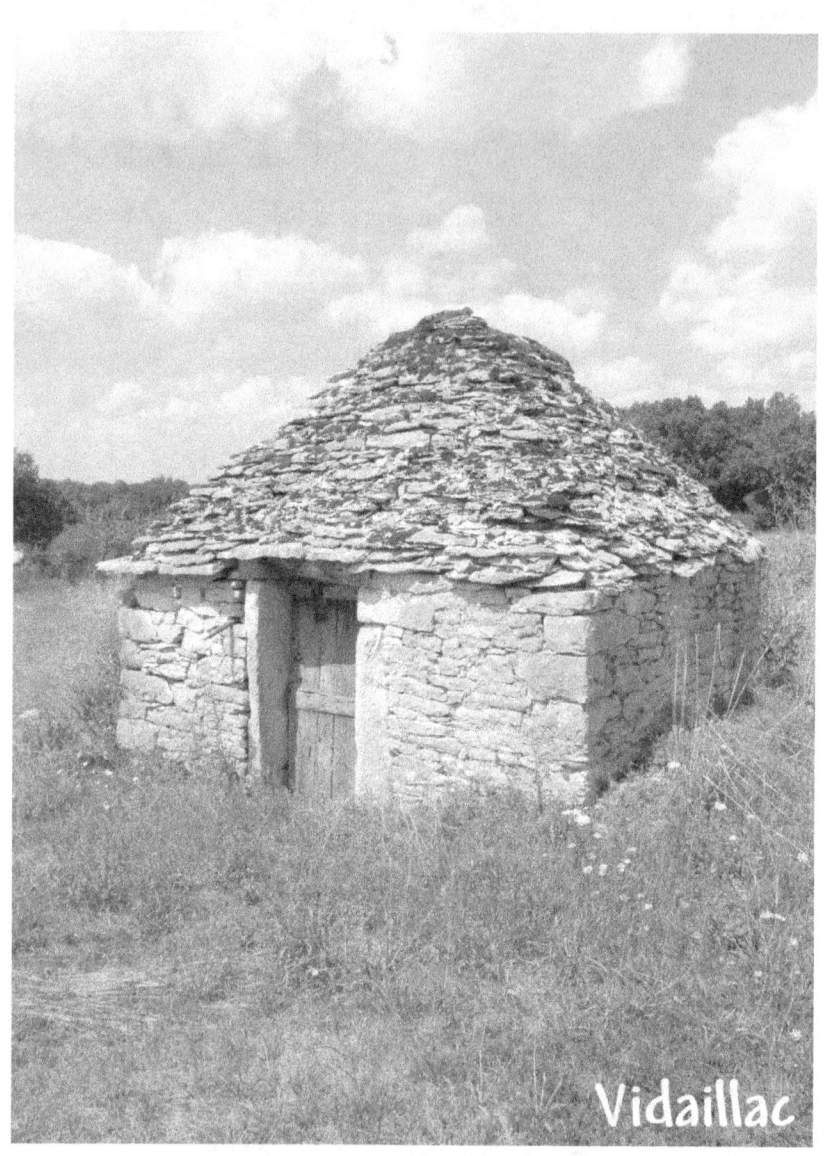

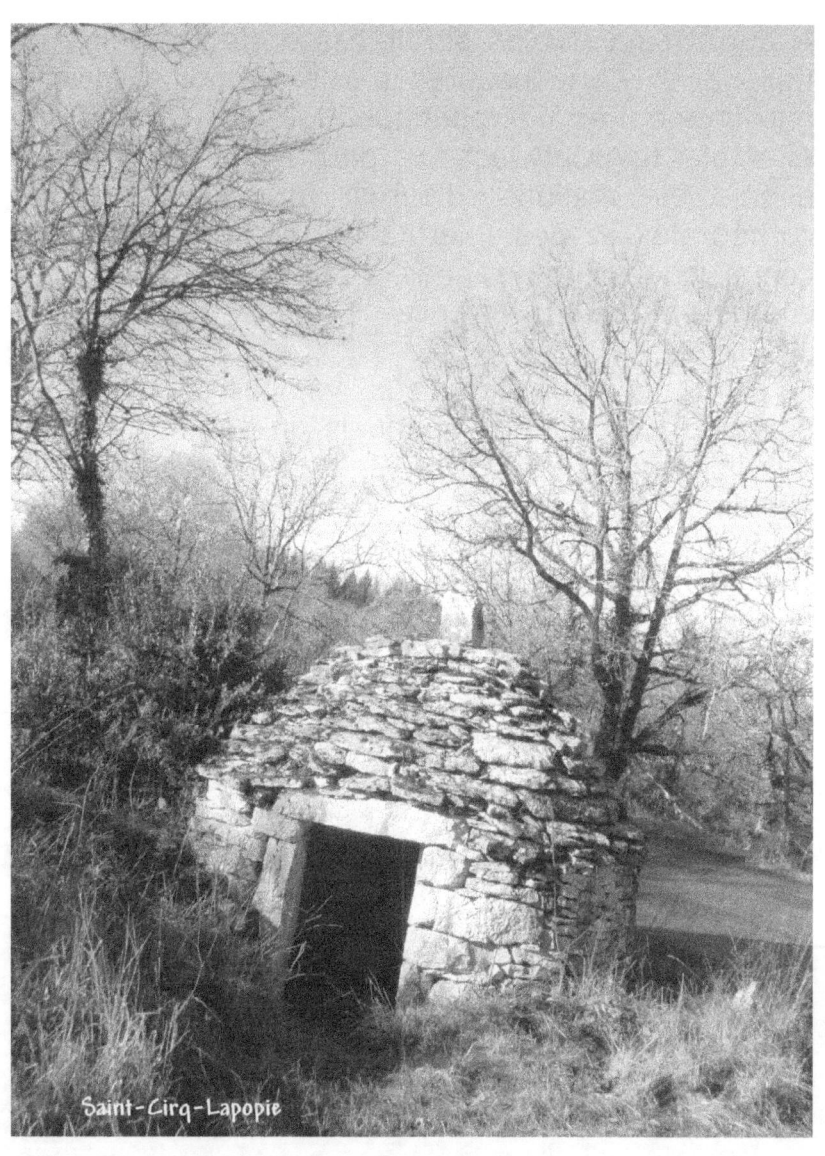

Un patrimoine de classes...

À quoi peuvent bien servir ces abris au troisième millénaire ? À la beauté et à la mémoire. Mais le patrimoine, et la politique lotoise en est un exemple flagrant, est un patrimoine de classes, avec des millions d'euros injectés dans les cathédrales et des miettes parfois accordées aux constructions paysannes, "parfois" plus par clientélisme que cohérence.

La gariotte appartient aux vaincus du vent de l'histoire, ces pantins auxquels on a laissé la date de la *Révolution Française* en leur reprenant l'abolition des privilèges...

Il s'agit certes de "notre passé à tous", dans notre bonhomie de rappeler des ancêtres paysans... mais "nous avons évolué"...

Photographier les "dernières gariottes" est également un geste politique.

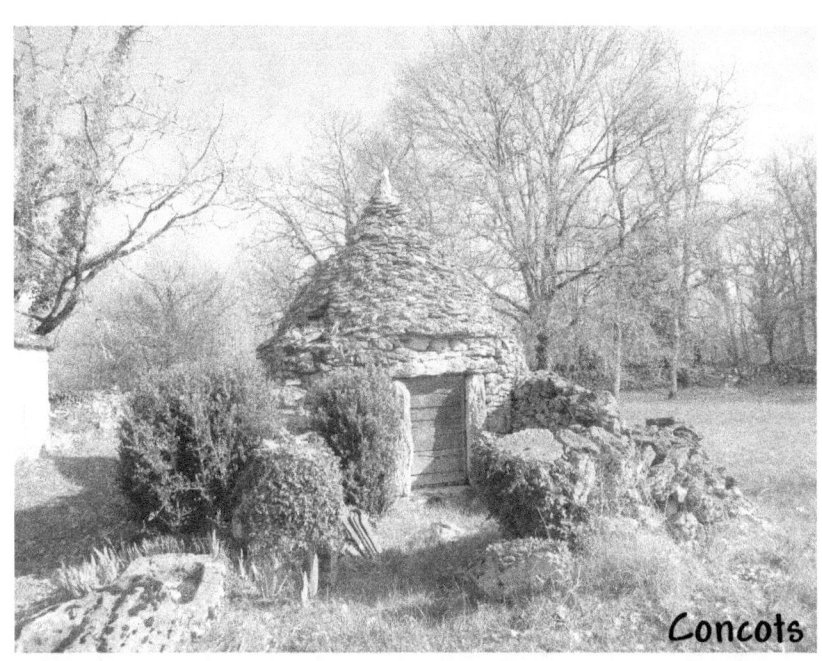
Concots

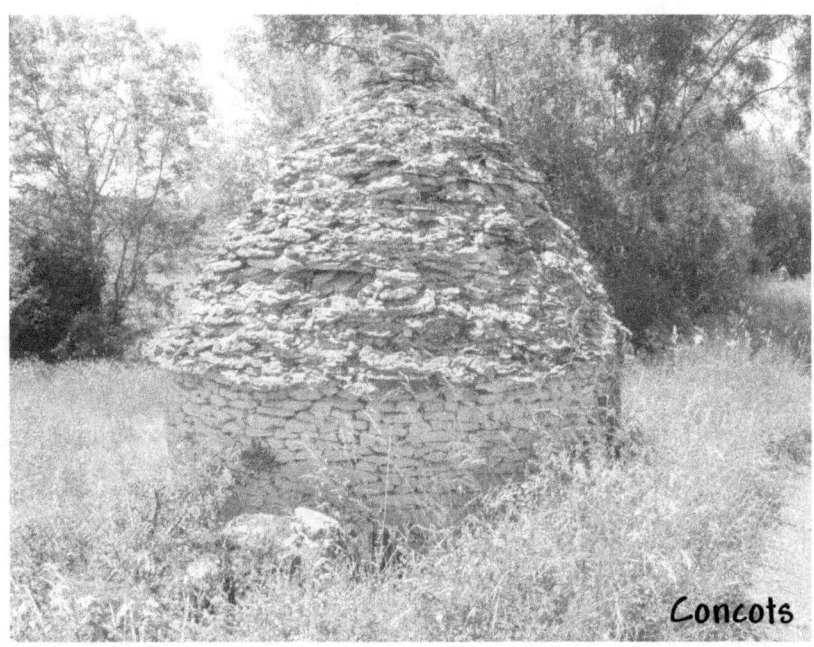
Concots

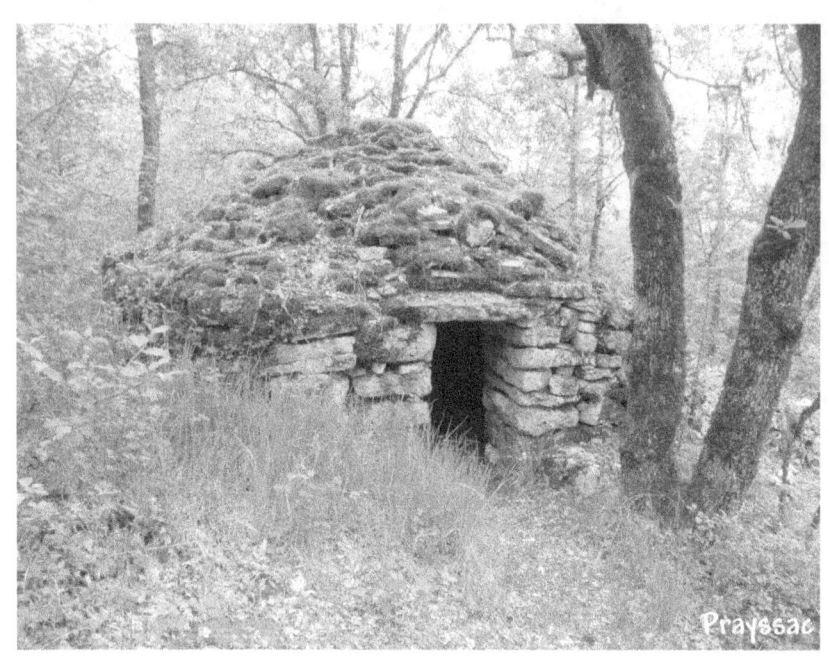
Prayssac

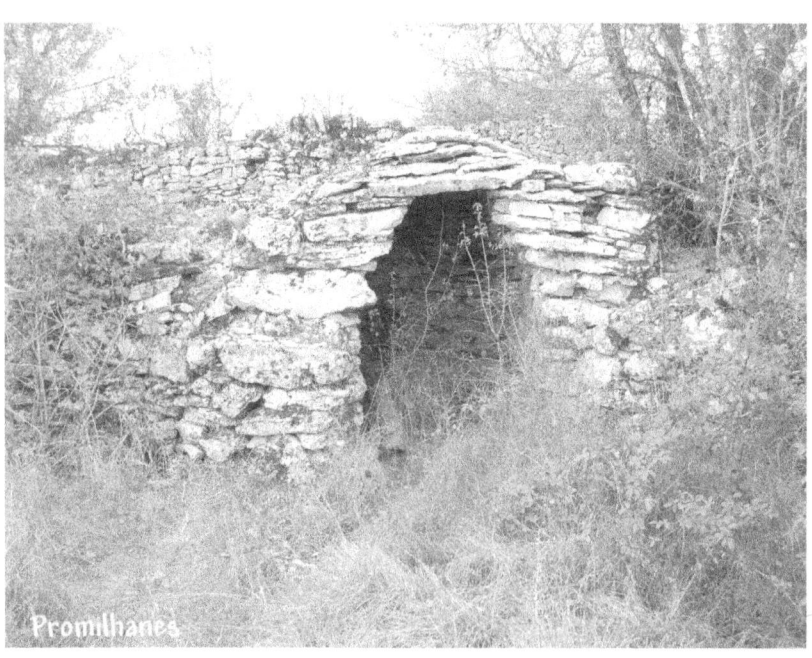
Promilhanes

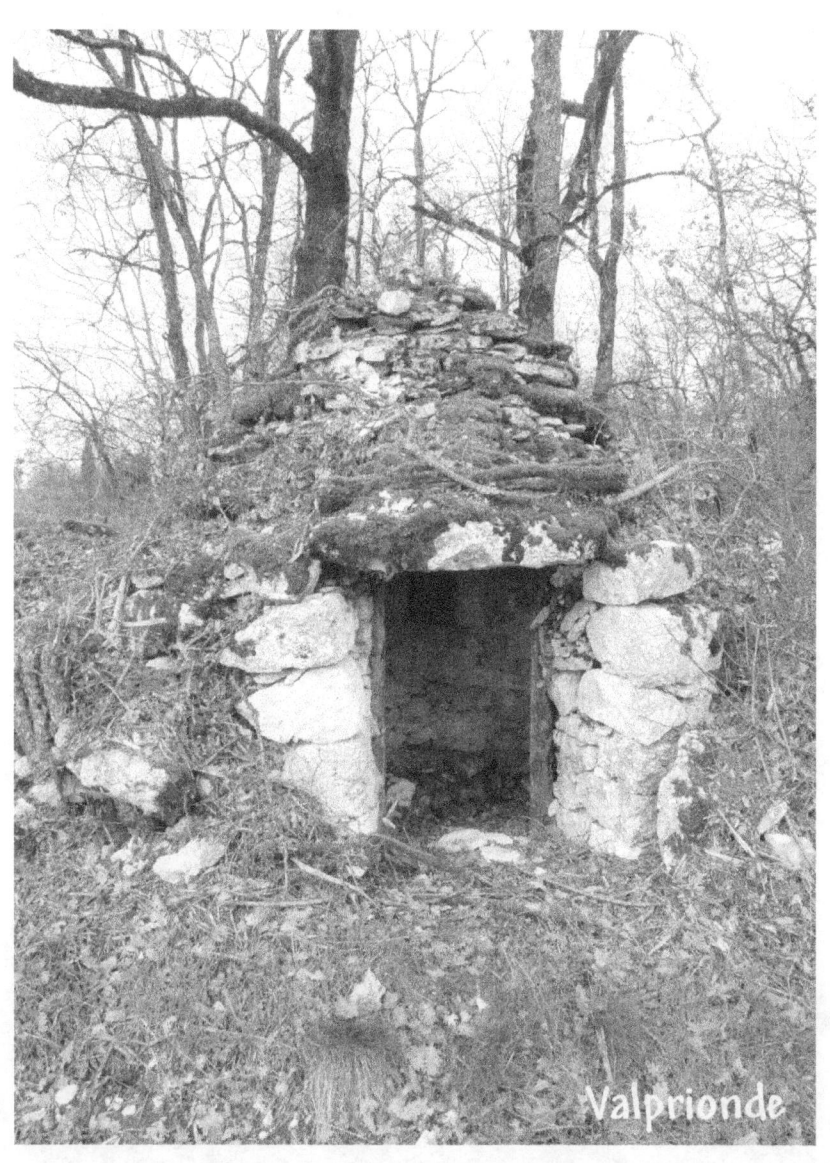

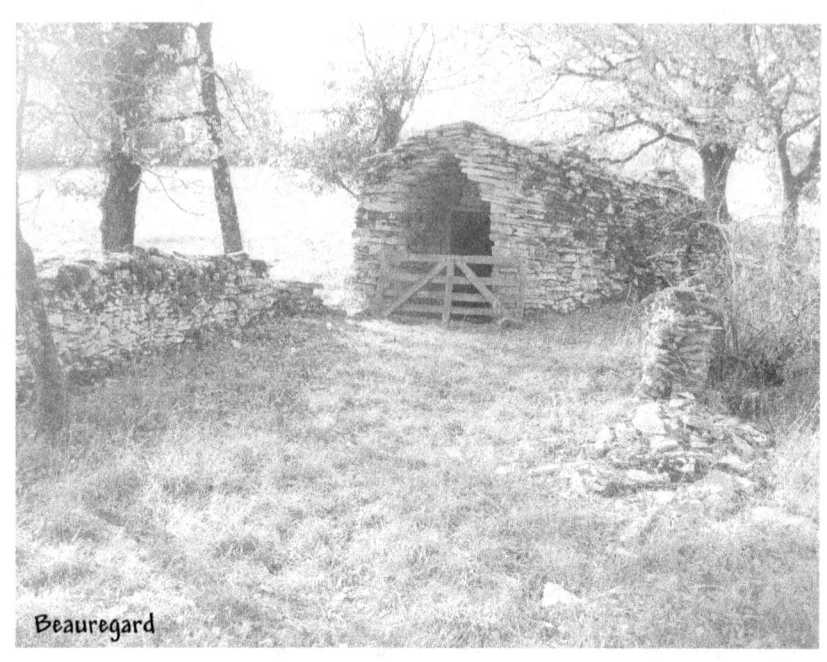
Beauregard

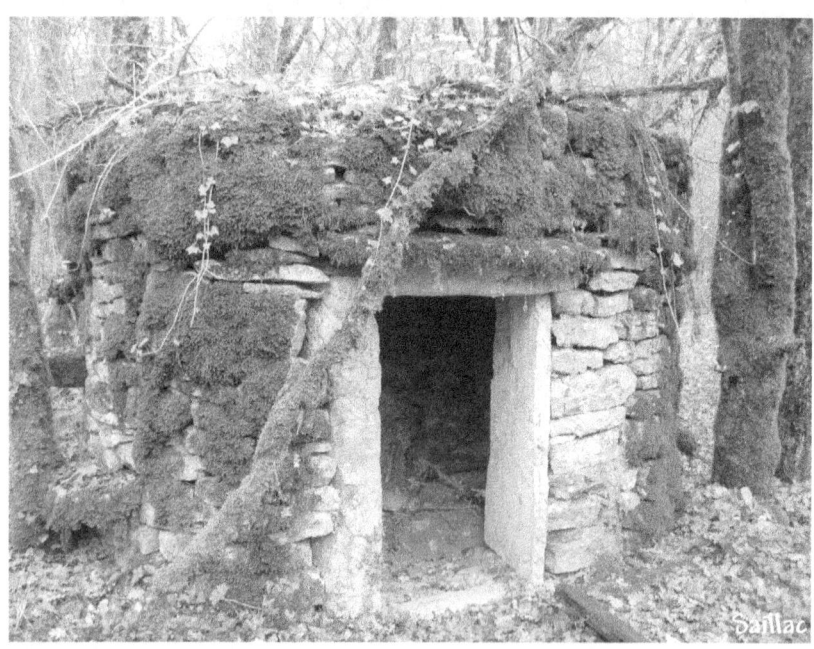
Saillac

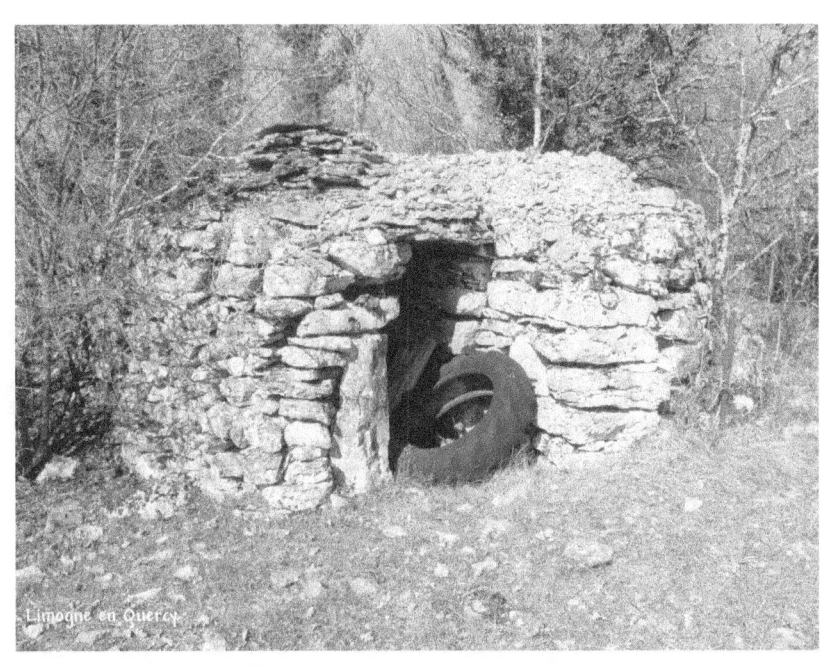

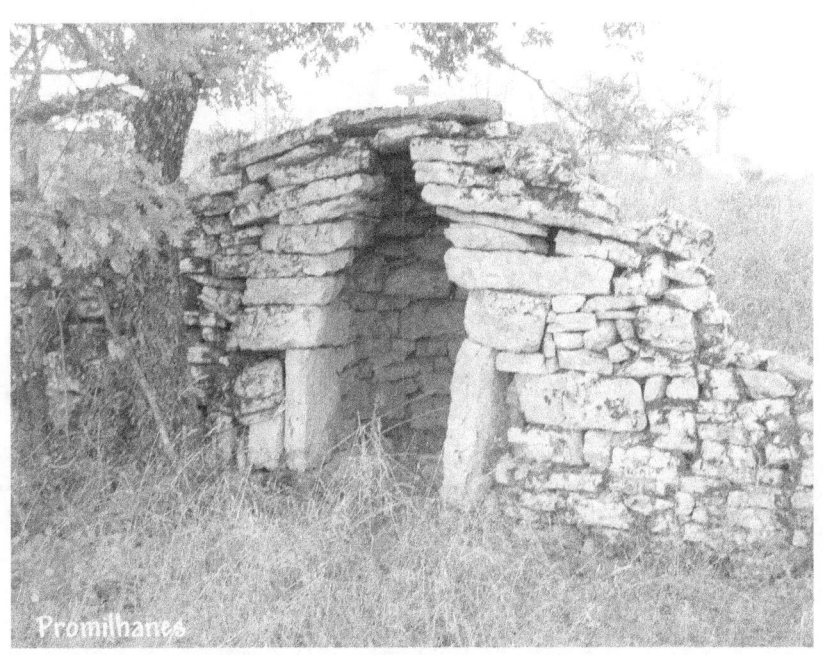

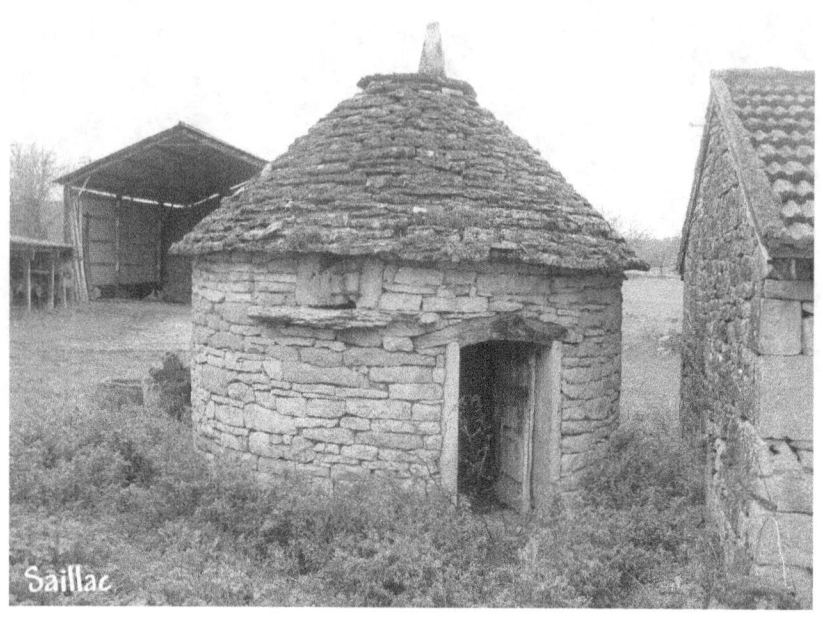
Saillac

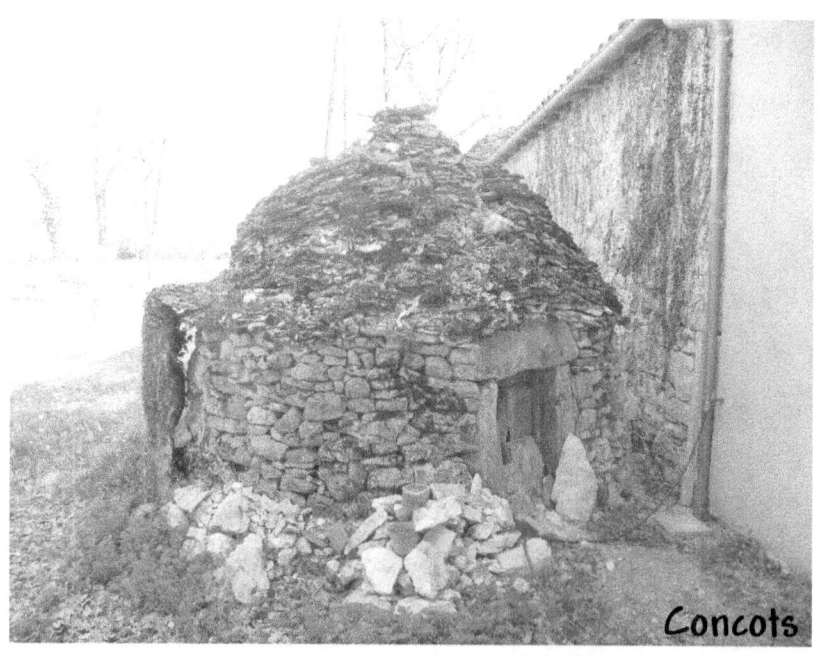
Concots

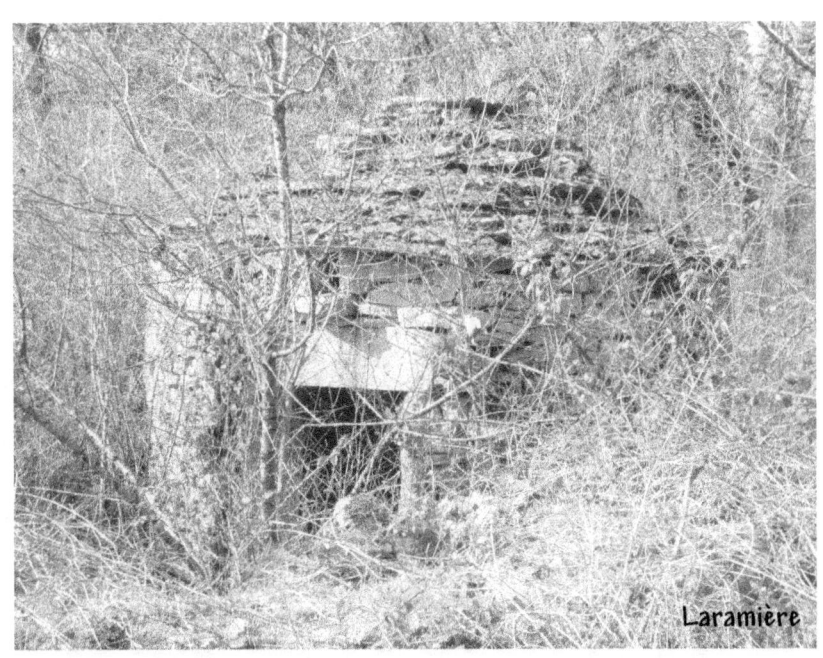
Laramière

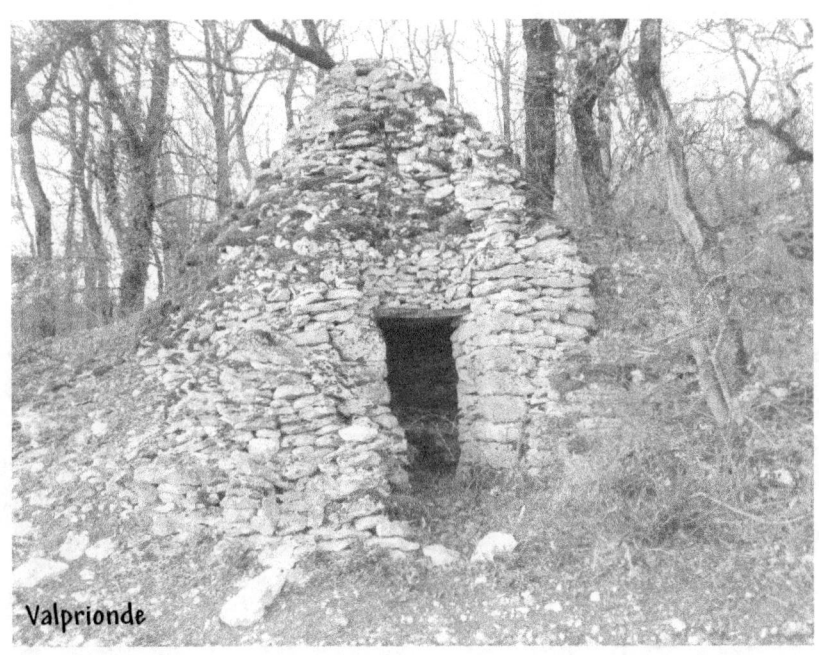
Valprionde

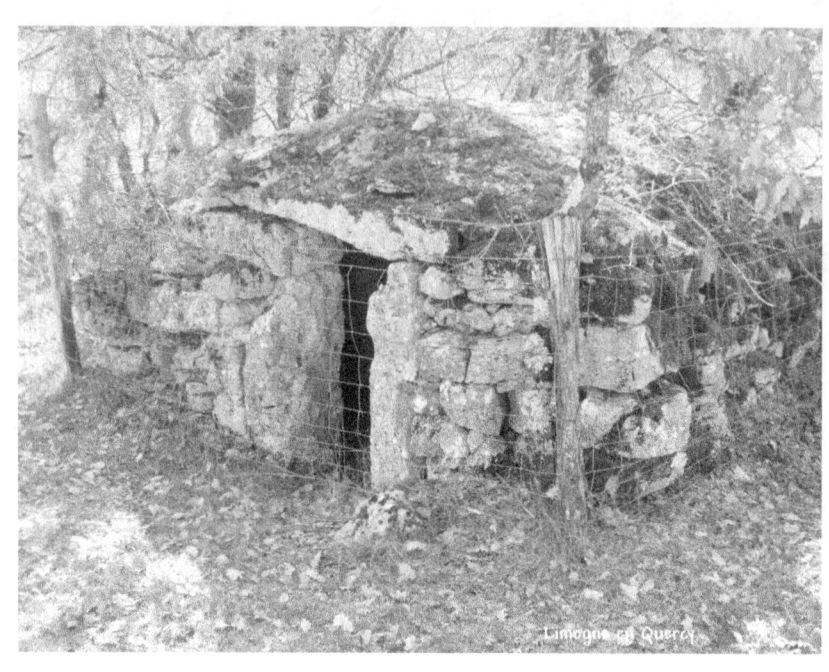
Limogne en Quercy

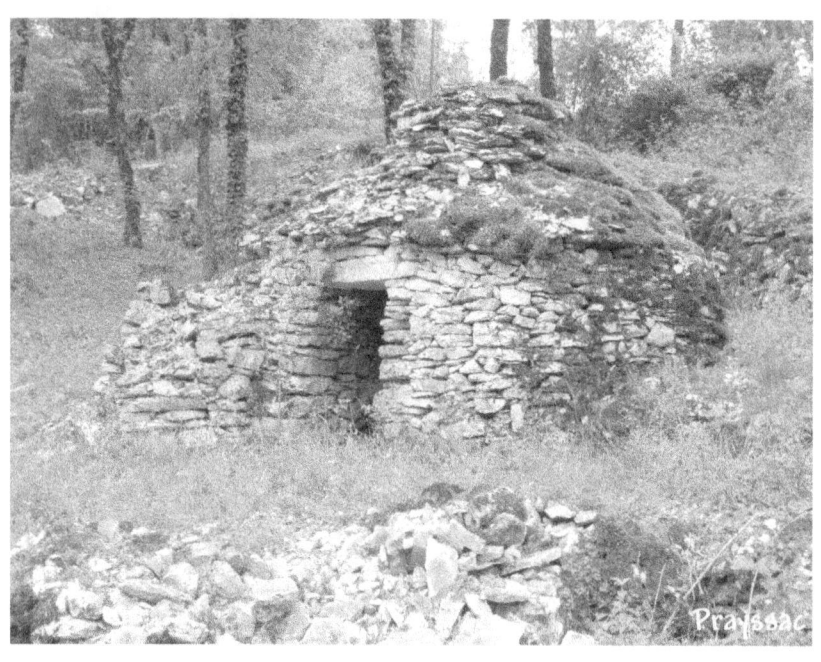
Prayssac

La troisième gariotte sur dolmen

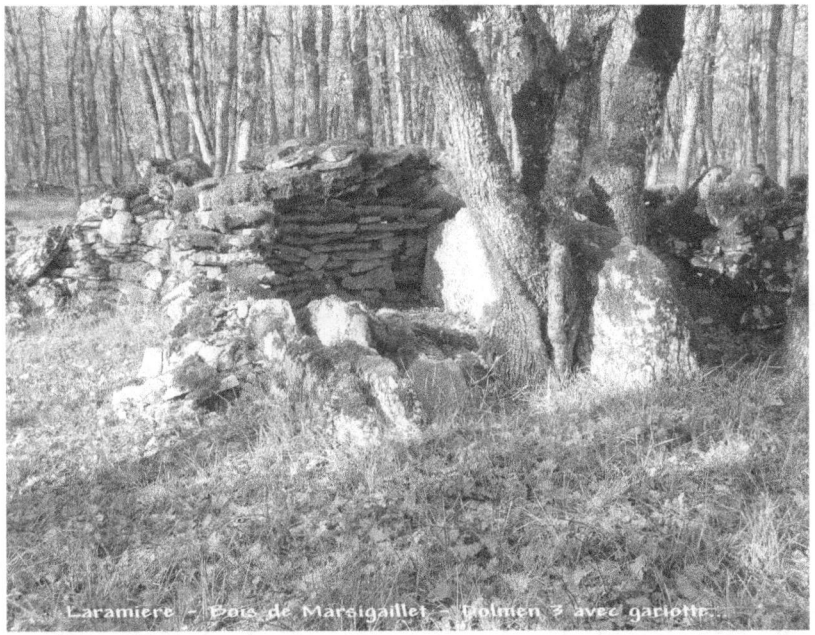

Laramière... près de Beauregard donc... Sur ce territoire où de nombreux dolmens ont survécu aux multiples hantises et légendes suscitées depuis quatre ou cinq millénaires...

Nous "vivons tous sur des morts"... Il suffit souvent de creuser pour découvrir le passé, à Cahors l'époque romaine, dans les campagnes nos ancêtres...

Aucune attention particulière ni prise de conscience du caractère exceptionnel de ces trois gariottes sur dolmens n'existe. Quand je publie ce livre, un certain Gérard Amigues dirige toujours la culture départementale, et le patrimoine... Aucun espoir de susciter un intérêt... Ses positions semblent répondre à d'autres critères que la qualité du travail...

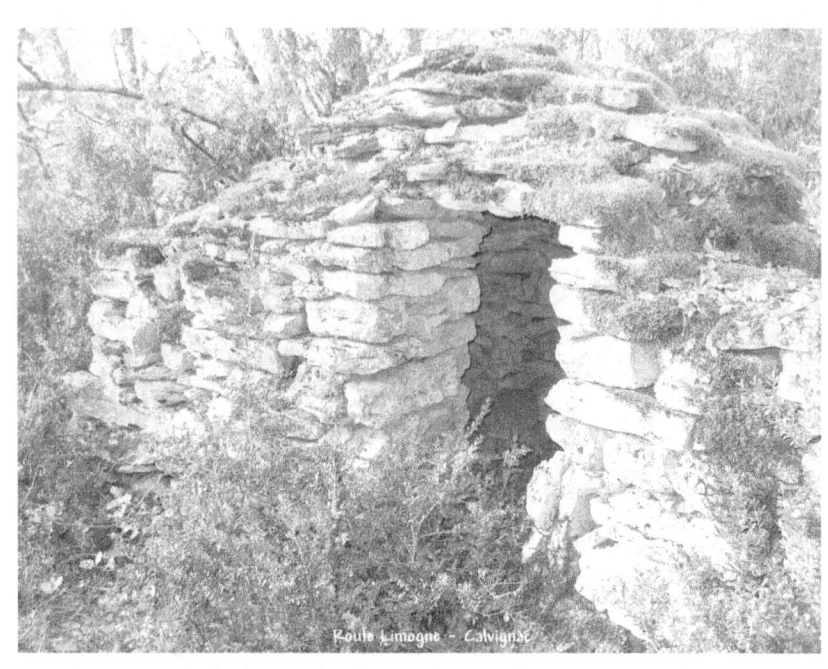

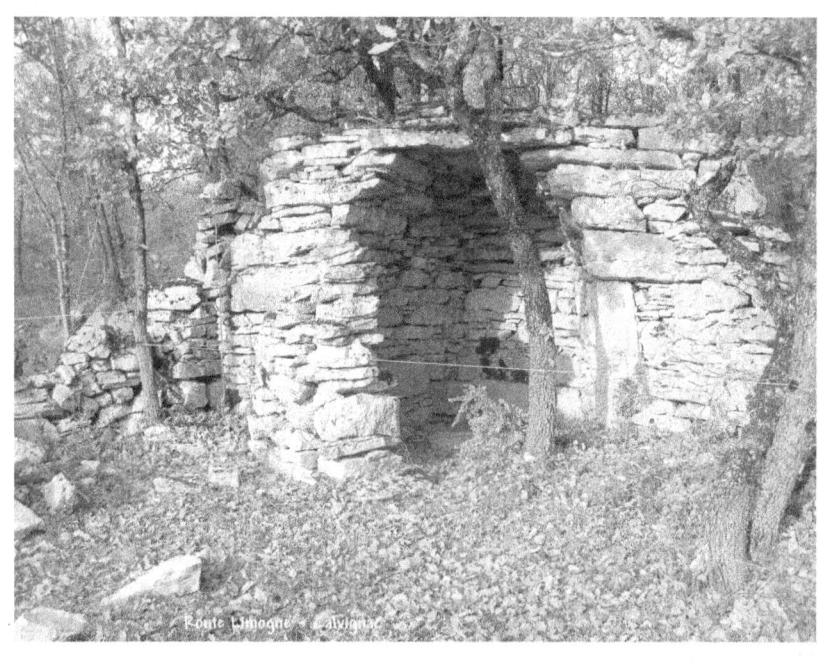

La bouteille de vin...

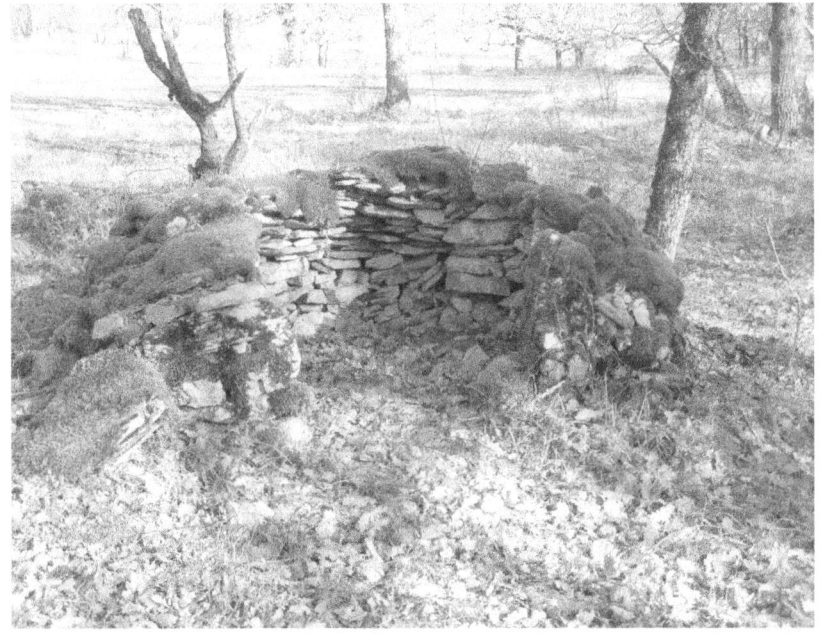

J'ai récupéré une bouteille "Côtes du Lot" (indication géographique protégée) avec une gariotte dessinée sous laquelle est noté le terme "GARIOTTE".

Sur la qualité du vin rouge, je ne peux rien vous indiquer. La bouteille était vide.

Je remarque : "mis en bouteille par les celliers du sud-ouest à F33330".

"Côtes du Lot" d'accord mais aucune indication de la provenance du raisin. Une gariotte et la magie opère ?

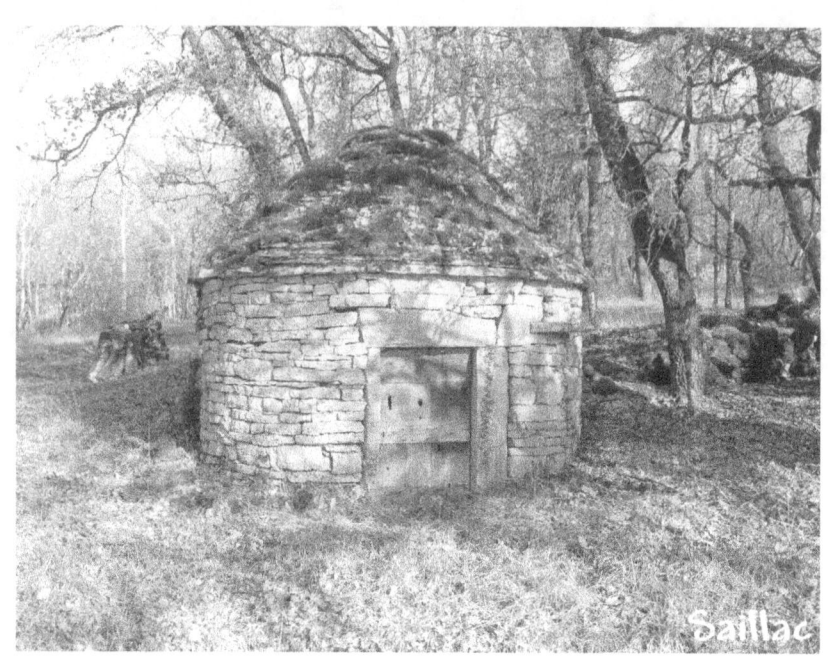

Saillac

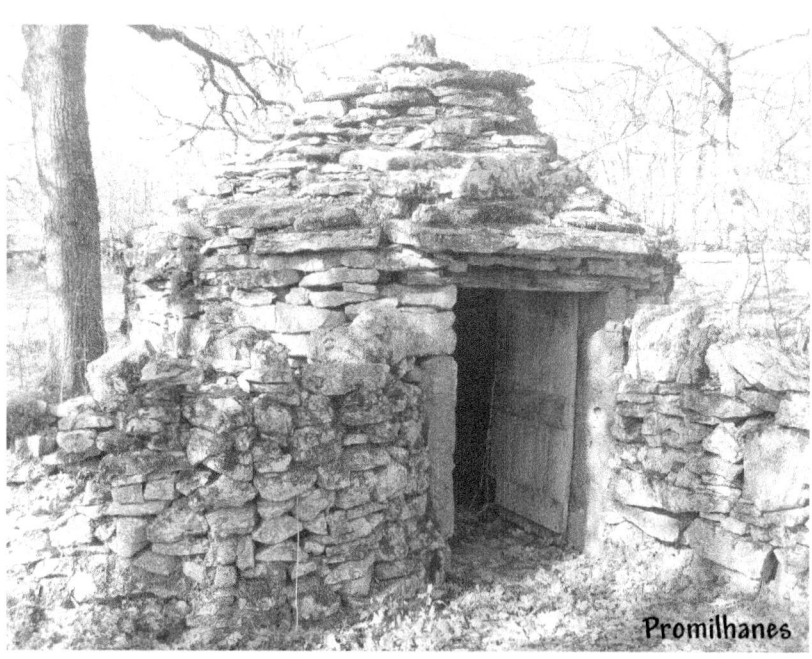

Promilhanes

Des puits à l'allure de gariottes

Ça ressemble à une gariotte, ça a les pierres de la cazelle mais c'est un puits.

Le plus souvent, avec encore de l'eau à l'intérieur. Et même le mécanisme pour la remonter.

Naturellement, il est désormais considéré dangereux de prendre dans ses mains un peu d'eau du puits pour la porter aux lèvres...

Entretenir les "points d'eau" est également mettre en valeur l'échec de civilisation, où le bien le plus précieux fut saccagé au bénéfice d'une minorité.

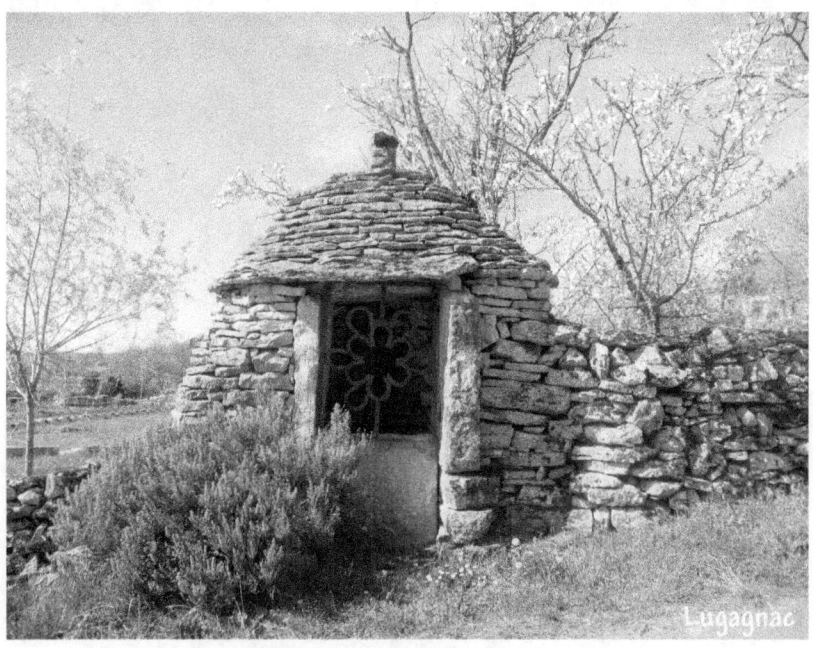

Lugagnac

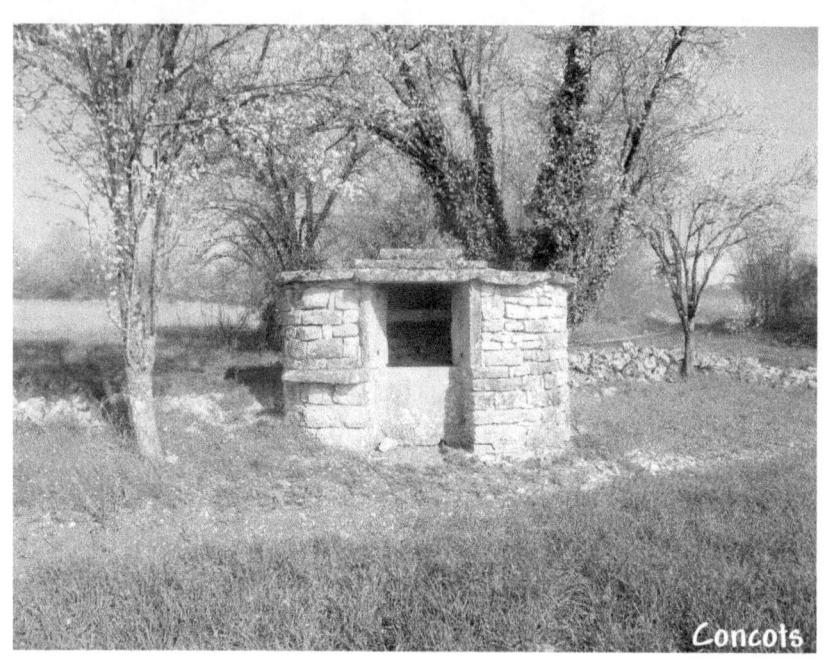

Concots

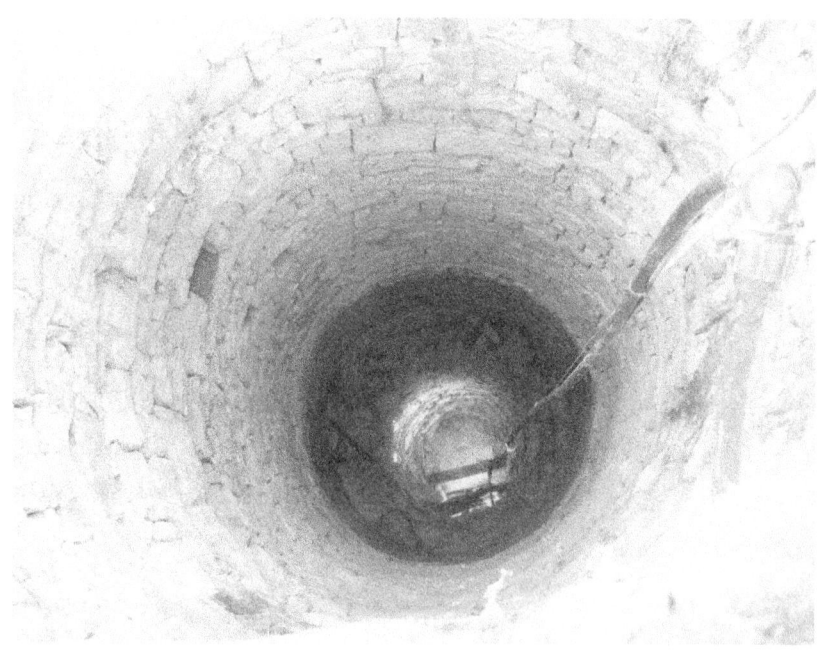

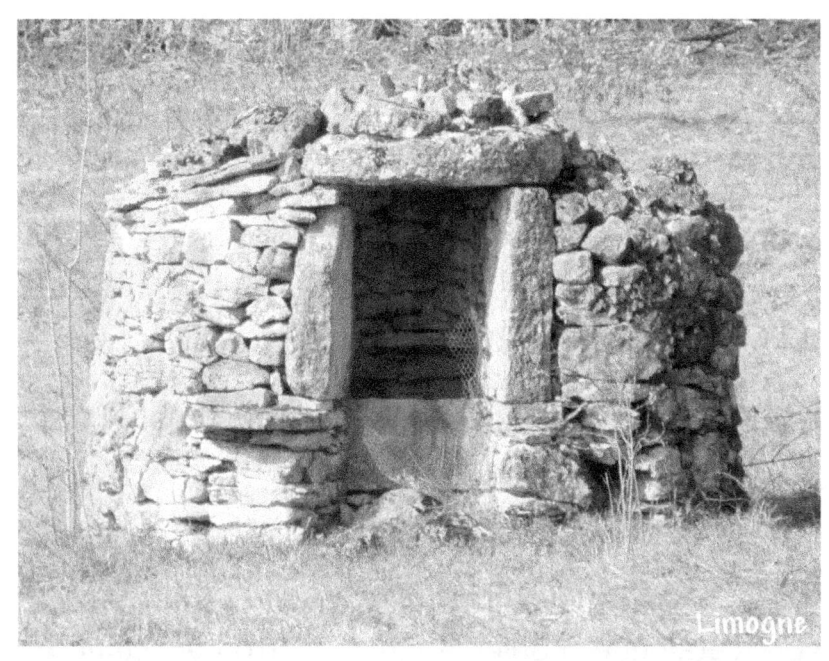

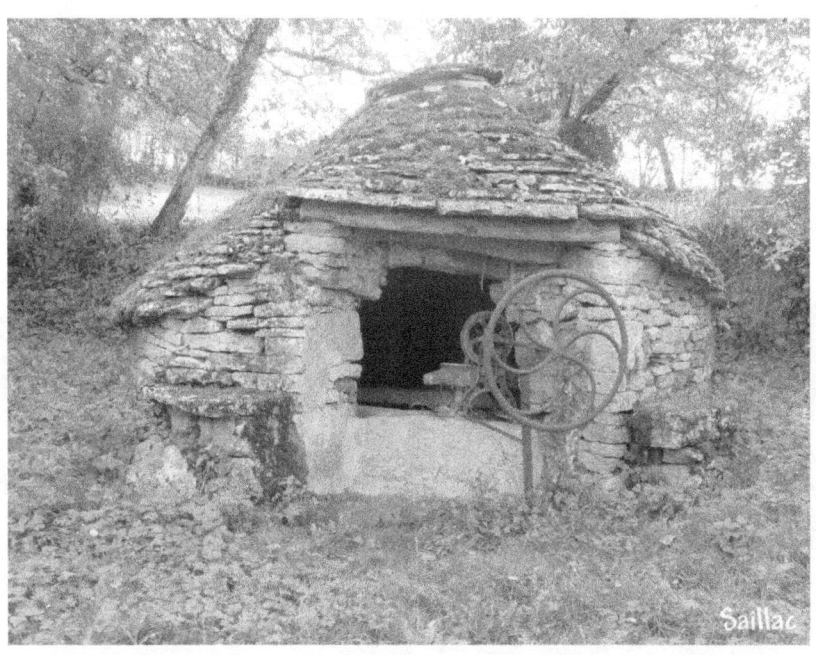

Auteur

Né en 1968, il publie depuis 1991, d'abord sous son nom de naissance puis sous divers pseudonymes, éditeur indépendant depuis son premier livre.

Dès 2004, il a proposé des livres numériques, en PDF. Mais c'est en 2011 seulement que les ventes dématérialisées ont démarré. Son catalogue numérique (depuis mi 2011 distribué par *Immateriel*) a ainsi rapidement dépassé celui du papier, grâce à des essais, des livres de photos... tout en continuant la lente écriture dans les domaines du théâtre et du roman. Depuis octobre 2013, et son « identifiant fiscal aux États-Unis », son catalogue papier tend à rattraper celui en pixels.

Il convient donc de nouveau d'aborder l'auteur sous le biais de l'œuvre. Ainsi, pour vous y retrouver, http://www.ecrivain.pro essaye de fournir une vue globale. Et chaque domaine bénéficie de sites au nom approprié :
http://www.romancier.org
http://www.parolier.org

http://www.essayiste.net

http://www.dramaturge.fr
http://www.lotois.fr

Vous pouvez légitimement vous demander pourquoi un auteur avec un tel catalogue ne bénéficie d'aucune visibilité dans les médias traditionnels. L'écriture est une chose, se faire des amis utiles une autre !

Catalogue

Romans : (http://www.romancier.org)
Le Roman de la révolution numérique également sous le titre *Un Amour béton*
Ils ne sont pas intervenus (le livre des conséquences) également sous le titre *Peut-être un roman autobiographique*
La Faute à Souchon ? également sous le titre *Le roman du show-biz et de la sagesse (Même les dolmens se brisent)*
Liberté, j'ignorais tant de Toi également sous le titre *Libertés d'avant l'an 2000*
Viré, viré, viré, même viré du Rmi
Quand les familles sans toit sont entrées dans les maisons fermées

Edition (http://www.auto-edition.com)
Le guide de l'auto-édition, papier et numérique
Le manifeste de l'auto-édition - Manifeste politico-littéraire pour la reconnaissance des écrivains indépendants et une saine concurrence entre les différentes formes d'édition
Écrivains, réveillez-vous ! - La loi 2012-287 du 1er mars 2012 et autres somnifères
Le livre numérique, fils de l'auto-édition
Réponses à monsieur Frédéric Beigbeder au sujet du Livre Numérique (Écrivains= moutons tondus ?)
Comment devenir écrivain ? Être écrivain ? (Écrire est-ce un vrai métier ? Une vocation ? Quelle formation ?...)
Copie privée, droit de prêt en bibliothèque : vous payez, nous ne touchons pas un centime - Quand la France organise la marginalisation des écrivains indépendants
Alertez Jack-Alain Léger !

Théâtre : (http://www.dramaturge.fr)
La baguette magique et les philosophes
Neuf femmes et la star
Avant les élections présidentielles
Les secrets de maître Pierre, notaire de campagne
Deux sœurs et un contrôle fiscal
Ça magouille aux assurances
Pourquoi est-il venu ?
Amour, sud et chansons
Blaise Pascal serait webmaster
Aventures d'écrivains régionaux
Trois femmes et un amour
Chanteur, écrivain : même cirque
« Révélations » sur « les apparitions d'Astaffort » Brel / Cabrel (les secrets de la grotte Mariette)
J'avais 25 ans

Pour troupes d'enfants :
Les filles en profitent
Révélations sur la disparition du père Noël
Le lion l'autruche et le renard
Mertilou prépare l'été
Nous n'irons plus au restaurant

Recueils :
Théâtre peut-être complet
La fille aux 200 doudous et autres pièces de théâtre pour enfants
Théâtre pour femmes

Chansons : (http://www.parolier.info)
Chansons trop éloignées des normes industrielles
Chansons vertes et autres textes engagés
Parodies de chansons - De Renaud à Cabrel En passant par Cloclo et Jacques Brel
Chansons d'avant l'an 2000
Vivre Autrement (après les ruines), l'album invisible...

Photos : (http://www.france.wf)
Cahors, 42 inscriptions aux Monuments Historiques
La disparition d'un canton : Montcuq
Montcuq, le village lotois
Cahors, des pierres et des hommes. Photos et commentaires
Limogne-en-Quercy Calvignac la route des dolmens et gariottes
Saint-Cirq-Lapopie, le plus beau village de France ?
Saillac village du Lot
Limogne-en-Quercy cinq monuments historiques cinq dolmens
Beauregard, Dolmens Gariottes Château de Marsa et autres merveilles lotoises
Villeneuve-sur-Lot, des monuments historiques, un salon du livre... -Photos, histoires et opinions
Henri Martin du musée Henri-Martin de Cahors - Avec visite de Labastide-du-Vert et Saint-Cirq-Lapopie sur les traces du peintre
L'église romane de Rouillac à Montcuq et sa voisine oubliée, à découvrir - Les fresques de Rouillac, Touffailles et Saint-Félix
Cajarc selon Ternoise

Livres d'artiste (http://www.quercy.pro)
Quercy : l'harmonie du hasard
Lot, livre d'art
Montcuq, livre d'art
Quercy Blanc, livre d'art
Cazelles, Gariottes lotoises
Quercy : l'harmonie du hasard
La beauté des éoliennes
Golfech, c'est beau un village prospère à l'ombre d'une centrale nucléaire
Jésus, du Quercy

Essais (http://www.essayiste.net)
Ya basta Aurélie Filippetti !
Amour - état du sentiment et perspectives
Contrairement à Gérard Depardieu, dois-je quitter la France ?
Cahors, municipales 2014 : un enjeu départemental majeur
Quand Martin Malvy publie un livre : questions de déontologie

Politique : (http://www.commentaire.info)
Ce François Hollande qui peut encore gagner le 6 mai 2012 ne le mérite pas (Un Parti Socialiste non réformé au pays du quinquennat déplorable de Nicolas Sarkozy)
Nicolas Sarkozy : sketchs et Parodies de chansons
Bernadette et Jacques Chirac vus du Lot - Chansons théâtre textes lotois
Affaire Ségolène Royal - Olivier Falorni Ce qu'il faut en retenir pour l'Histoire - Un écrivain engagé, un observateur indépendant
François Fillon, persuadé qu'il aurait battu François Hollande en 2012, qu'il le battra en 2017

Notre vie (http://www.morts.info)
La trahison des morts : les concessions à perpétuité discrètement récupérées - Cahors, à l'ombre des remparts médiévaux, les vieux morts doivent laisser la place aux jeunes...
Cahors : Adèle et Marie Borie contre Jean-Marc Vayssouze-Faure - Appel à une mobilisation locale et nationale pour sauver les soeurs Borie...

Jeux de société
http://www.lejeudespistescyclables.com
La France des pistes cyclables - Fabriquer un jeu de société pour enfants de 8 à 108 ans
Le bon chemin pour Saint-Jacques-de-Compostelle

Divers :
La disparition du père Noël et autres contes
J'écris aussi des sketchs
Vive les poules municipales... et les poulets municipaux
- Réduire le volume des déchets alimentaires et manger des oeufs de qualité
Le Martyr et Saint du 11 septembre : Jean-Gabriel Perboyre

En chti : (http://www.chti.es)
Canchons et cafougnettes (Ternoise chti)
Elle tiote aux deux chints doudous (théâtre)

Œuvres traduites (http://www.traducteurs.net)
La fille aux 200 doudous :
- *The Teddy (Bear) Whisperer* (Kate-Marie Glover)
- Das Mädchen mit den 200 Schmusetieren (Jeanne Meurtin)

- Le lion l'autruche et le renard :
- How the fox got his cunning (Kate-Marie Glover)

- Mertilou prépare l'été :
- The Blackbird's Secret (Kate-Marie Glover)

- *La fille aux 200 doudous et autres pièces de théâtre pour enfants (les 6 pièces)*
- La niña de los 200 peluches y otras obras de teatro para niños (María del Carmen Pulido Cortijo)

Chansons - CDs : (http://www.chansons.org)
Vivre Autrement (après les ruines)
Savoirs
CD Sarkozy selon Ternoise (parodies de chansons, 2006)

Mentions légales

Tous droits de traduction, de reproduction, d'utilisation, d'interprétation et d'adaptation réservés pour tous pays, pour toutes planètes, pour tous univers.

Site officiel : http://www.ecrivain.pro

Présentation des livres essentiels :
http://www.utopie.pro

Vous pouvez acquérir ces clichés au format originel du photographe, en droit de reproduction, exemplaires numérotés et signés, sur http://www.galerie.me

Dépôt légal à la publication au format ebook du 2 octobre 2014.

Imprimé par CreateSpace, An Amazon.com Company pour le compte de l'auteur-éditeur indépendant **livrepapier.com.**

ISBN 978-2-36541-620-7
EAN 9782365416207
Cazelles, Gariottes lotoises de François-Antoine de Quercy
© Jean-Luc PETIT - BP 17 - 46800 Montcuq France

www.ingramcontent.com/pod-product-compliance
Lightning Source LLC
Chambersburg PA
CBHW070306230526
45470CB00002B/753